陈式太极拳养生功

陈正雷 著

人民体育出版社

作 者 简 介

陈正雷（1949— ），河南温县陈家沟人，陈氏十九世，太极拳第十一代嫡宗传人。曾任河南省武术馆副馆长、河南省武术管理中心副主任，现任河南省武协副主席、国家武术高级教练、国家级社会体育指导员、中国武术协会委员、中国体育科学学会委员、中国当代“十大武术名师”、河南省陈氏太极拳协会执行主席、世界非物质文化遗产——陈式太极拳杰出传承人。

陈正雷自幼随太极拳宗师陈照丕、陈照奎学艺。1974—1988年多次在全国及国际武术比赛中获金奖和冠军。1972年开始传拳授艺，其学生遍及海内外，来访与学习的外国团体已逾百批。曾应邀出访过日、美、加、英、法、德、意、西、秘、墨、韩、新、马、泰、台湾、香港等40余个国家和地区，被50余家武术团体聘为太极拳顾问、主席和名誉会长，在国内外武术界享有盛誉。

陈正雷的武术理论造诣颇深，著作有《十段功法论》《陈氏太极拳械汇宗》《陈式太极拳养生功》《陈氏太极拳术》《太极神功》《陈氏太极拳剑刀》等，其著作多被译为英、日、韩、法、西班牙文在国外发行，并拍摄成各种文字的录像带、VCD、DVD教学片，在国内外影响甚大。

1999年中华人民共和国成立50周年，大庆期间，被推选为与共和国同龄人的行业代表，中央电视台拍摄30分钟专题片《太极人生》在4频道播放；2008年北京奥运会期间，央视10频道《人物》栏目拍摄《陈式太极拳传人——陈正雷》、央视4频道《走遍中国》栏目拍摄《大道太极》专题片播放。2009年，新中国成立60周年，被评为《感动中原》60位人物之一。2010年3月荣获国家体育总局颁发的“体育工作贡献章证书”。2011年5月，荣获“剑桥世界杰出华人榜武术领域杰出华人”的荣誉称号。2011年6月荣获河南体育“世纪十佳”男运动员提名奖。

读者如有练功方面感受和问题请与作者联系。

陈正雷

河南省郑州市文化路112号文化嘉园七楼

电话：0086-371-6321-9626

网址：www.czl.cn

Email:czlkf@163.com taijichen888@163.com

弘扬祖国传统养生术

(序)

在提笔为陈正雷先生所著《陈式太极拳养生功》作序时，我想起了十年前在陈家沟的一次偶遇。那时还是寒意未消的阳春三月，我在陈家沟练功房前边的一间小屋碰上一位美国青年，搭起话来，知道他是在黄河大学教授英语的老师，因酷爱太极拳在这里已经住了快两个月了。我当即问他，这里的居住条件和饮食条件你都能适应吗？这位金发碧眼的年轻人说，为了学好太极拳，能够克服艰苦的生活条件。听后我很感动。我想，一个外国人为了追求中国的武术文化，竟能忍受艰苦生活，孜孜不倦地习练太极拳功夫，真是难能可贵。可惜我们的对话时间甚短，我带着一缕深沉的思索同他握别了。十年来，陈式太极拳发源地的陈家沟，每年都迎来众多的外国朋友习练太极拳，温县国际太极拳年会也已办了多届，陈式太极拳正在世界风靡。我以为，作为太极拳发源地的陈家沟、温县、中国，需要不断地拿出武术文化的结晶献给世界。陈正雷先生把祖传的太极内功（气功）养生法公诸于世，这是挖掘整理太极拳文化的一个新成果，值得祝贺。

我一直认为太极拳是今日人类增进健康的一块瑰宝，又是明日人类保健的一颗新星。国外有的学者说，未来的世纪是保健的世纪，这是颇有道理的。从社会发展的趋势看，人的寿命越来越长。我们这个拥有13亿人口的国家，也即将进入老龄化社会。古话说，人生七十古来稀，现在则是人生七十今来多了。日本是世界上最长寿的国家，女性平均寿命已超过80岁，男性也已达75岁以上。我国许多地方人均寿命也已达七十多岁。的确，人类的寿命随着社会的进步在不断增长。世界上许多科学家，从不同的角度研究人类的寿限。有的科学家从动物生长期角度研究人的寿命，认为人的寿限应是125-175岁。有的科学家从细胞分裂次数推算人的寿命，认为人的寿限应在120岁以上。尽管这只是一些科学推算，但现实生活昭告我们，人类的寿龄确实是在不断增长。随着这种趋势的发展，人类的保健养生就成为一个世界性的重要课题。老年人需要保健，中年人、青年人以及少年、儿童都需要保健。在保健的世纪，太极拳是个人们自我保健的良好手段。

美国著名的未来学家约翰·奈斯比特1982 年在一度轰动全球的《大趋势》一书中，描绘“新的保健图景”时提出，人们将从依赖医疗机构帮助转变到自助，“实行自力更生的自我保健”。当时他没有提到太极拳这个自我保健的瑰宝。但在1995年完成的他的新作《亚洲大趋势》中说到“西方人正在从东方‘进口’思维方式和传统观念”“瑜伽和中医占去了50岁左右家庭妇女的多半精力”“公园里80岁的东方人和30岁的西方人一起打着太极拳”。他还进一步说到西方人从东方“进口”的范围远不止这些，“真正的东方迷们已经进入东方智慧的第二层次”。他在条例中提到“研究道家的打坐，更别提那已有四千年历史的内功修炼方法——气功了”。是啊，太极拳、气功、打坐等中国传统的自我保健养生术，作为东方智慧越来越被西方人认识和享用了。

中国传统养生术的起源，至迟可以追溯到原始社会末期。到了先秦时期，老子、庄子主张清静养神，韩非子等主张动以养形，以吐纳、导引保健养生。那个时期提出的顺应自然、主动调摄、以求康寿的观点初步形成了中国传统养生学的体系。在传统养生思想中，把精、气、神视为人身的三宝。习武养生者把“内练精气神，外练手眼身”当做座右铭，强调内外兼修，壮内强外。这正是中国传统的整体健身观和养生观。太极拳既是祛病保健的养生功夫，又是强身防身的技击功夫。如今在保健的世纪向我们走来的时刻，人们越来越重视太极拳的祛病保健养生的作用了。陈正雷先生整理的陈式太极拳养生功，摄取了陈式太极拳在健身养生及医疗保健方面的精华，把意、气、形和呼吸有机地结合在一起，使人与自然相互感应，达到天人合一。相信这套功法是会给中外人士保健养生带来福音的。我衷心祝愿我国的武术家、气功家、养生家在练功、授功之余，深入挖掘整理祖国的传统养生术，为人类的保健做出更大的贡献！、

原国家体委副主任
中国武术协会主席　徐才
中国武术研究院院长

2011年6月于北京

再版前言

工业革命和信息革命在推动人类社会迅速向前发展的同时，人类也在进行着回顾和思考，同时发现东方哲学的宇宙观、人生观大有可取之处，并对“人与自然、人与人和谐”的东方传统文化产生了浓厚兴趣，于是兴起了对易经、瑜伽术、太极拳的追求，以及对儒、释、道等中国文化进行了解、学习的热望。

太极拳发源于河南温县陈家沟。它融技击、养生、修身、养性休闲、娱乐、力学、兵法、哲理于一身。它活筋骨、通经络、调神经、延年寿，深受人们喜爱。余自幼习练家传太极拳，深知太极拳精髓的内家气功，曾一直被历代太极先贤所重视，亦为太极拳术中之重心所在，故人亦称太极拳为内功拳。

虽本功法少有外传，但为提高人们健康素质，促进全民健身运动，响应胡锦涛主席在十七大中提出的“弘扬中华文化，营造共有精神文明家园……”的讲话精神，从而服务于社会大众，特将祖传的太极内功（气功）养生法公诸于世，希望能为人类的健康事业做出贡献。

太极内功注重运气，聚气，养气；要求“气沉丹田”，呼吸要匀、细、深、长，自然平和；练拳者要懂得采气培元，守丹起功，由体内精气化神还虚，以求能返璞归真，由太极而归于无极，达到所谓天地人合一，阴阳合融，天地人与大自然混为一体的修炼之终极目标。

古人云：“培其根则枝叶自茂，润其源则流脉自长。”太极内功则为“培根润源”之良方。今详述功法，愿能与热爱太极拳之人士共同参研分享。本书所介绍的陈式太极拳养生功分四个部分的内容：1. 陈式太极拳养生功功理；2. 基本功训练；3. 太极培元养气法（静坐养气法，桩功聚气法）；4. 陈式太极拳精要十八式。方法清晰，言简意赅，套路短小精悍，既简便易学，又能体现陈式太极拳的舒展大方、沉重稳健、连绵不断、圆活自然、快慢相间、刚柔相济的独特风格。坚持长久练习，对身体的神经系统、呼吸系统、消化系统、循环系统、肌肉骨骼等均能起到良好的作用。尤其对神经衰弱、高血压、心脏病、消化不良、关节炎、肺结核等慢性病效果甚佳，能起到事半功倍之疗效。

此书自1992年翻译成日、英文在海外推广，1993年在马来西亚、1994年在台湾作者去讲学时又以中文出版成书，大力推广，备受欢迎。尤其是1996年人民体育出版社为响应国家提出开展全民健身活动的号召，将此书编印出版，配置教学录像带、光碟。特邀请原国家体委副主任、中国武协主席、亚洲武术联合会主席、首任国家武术研究院院长——徐才先生为本书作序。后中国外文出版社、英国、美国、加拿大、韩国相继以英文、韩文出版，在海内外大量出版发行。对推动全民健身，造福人类健康，构建幸福家庭、和谐社会作出了积极的贡献！

此太极拳养生功自推广以来，备受社会各界欢迎，已走进家庭、学校、企业、厂矿和国家机关，受众已达百万，出现了很多健身治病方面的疗效和奇迹。在此书再版之际，特增补一些与健身方法有关的理论文章。特别是患者亲身受益、治病、抗癌的经历过程的文章，非常使人感动。望广大读者看后自己感受吧！如有新的发现、感觉、领悟一定要沟通互享啊！

在此要特别感谢受武术界尊重敬仰、德高望重的徐才主席为本书作序[徐主任今年87岁高龄，今年9月受现任中国武协主席高小军的邀请，偕夫人刘华女士(82岁)参加在广西桂林举办的首届“市长杯”太极拳比赛，还在支持武术太极拳事业的发展，可敬可贺]。

感谢人民体育出版社的领导和编辑为此书出版付出的心血和劳动。感谢我的家人、父老乡亲、各级领导、社会各界、新闻媒体的大力支持！感谢为推广普及、发扬光大太极拳事业作出贡献的众弟子、学生和太极拳爱好者。让我们团结起来、共同努力将民族优秀的传统文化——太极拳传遍世界，为营造一个世界和平、健康人类、幸福家庭的大氛围而努力！

陈正雷

1996年2月初稿

2011年10月再稿

于郑州

陈式太极拳简介

太极拳是明末战将、河南温县陈家沟陈氏第九代陈王廷，在家传拳术的基础上，依据“易经”阴阳之理、中医经络学说及导引、吐纳术，综合性地创造了一套具有阴阳性质、刚柔相济、快慢相间、松活弹抖的特色，以及符合人体生理规律和大自然的运转规律的拳术运动。故名“太极拳”。起初，太极拳只在陈氏家族内部流传，鲜为人知。到陈氏十四代陈长兴时，传给河北永年人杨露禅，以后在社会上慢慢流传开来。太极拳在长期流传发展中，逐步演化成具有代表性、风格特点又各不相同的杨、吴、武、孙四大流派。

数百年来，陈式太极拳仍保留着古太极拳那种刚柔相济、快慢相间、窜蹦跳跃、松活弹抖的特色以及缠绕螺旋的运气方法，并以其卓越的健身养生与技击价值著称于武坛，深受人们喜爱。现在，陈式太极拳已跨出国门，风靡世界，成为中国人民与世界人民友好交往的重要桥梁。古老的陈式太极拳正以其崭新的风貌、独有的方式向世界各族人民传播中华民族传统文化的优秀成果，并在繁荣经济方面发挥着积极作用。陈式太极拳必将为全人类的健康事业作出更大贡献，成为全人类的共同瑰宝。

目 录

第一章　陈式太极拳养生功功理

陈式太极拳养生功（以下简称养生功），源于陈式太极拳，是陈式太极拳在健身养生及医疗保健方面的精华。它择取陈式太极拳独特的采气、集气、炼气、炼意方法，把意、气、形和呼吸有机地结合在一起，同时又舍去了陈式太极拳套路中的高难动作，因而具有得气快、气感强、祛病强身效果好而又方便易学等优点。本功法无偏差、无副作用，对高血压、冠心病、骨质增生、神经衰弱、胃肠官能症等慢性病都有较好疗效，且不受场地、时间等条件限制，男女老少皆宜。

第一节　功法特点

养生功动静结合，内外兼修，形神合一。练功时，在松静自然的前提下，贯穿一动无有不动的原则，是意识、动作、呼吸三者密切配合，人与大自然融为一体，采集天地间清灵之气营养身体，同时排出体内病、浊之气，以增进健康，益智延年。通过持久练功，元气会渐渐聚集于丹田，进而充实、饱满、壮大，自然养就至大至刚的浩然正气，以涵养道德，陶冶情操，坦荡胸怀。这种浩然正气施于自身，可收强身及医疗保健功效；用之防身御敌，则产生强大的冲击力量，足以震伤对方的五脏六腑。本功法反应敏捷，随机应变，具有出于自然而不拘泥于拳脚的形式招数。

第二节　健身养生作用

一、保健神经系统，提高应激反应能力

正常人的一切活动，都是在神经系统的控制下进行的。身体各肌群之间，肌肉活动与内脏活动之间，各器官、系统及器官与系统之间的密切配合以及身体内外环境的协调统一，都有赖于大脑皮质的调节作用。练功时要求清静用意，精神内守，可以增强意念控制能力，减少外界干扰，使本体感觉皮质部位的兴奋抑制过程在一定时间内能严格地、有节奏地转移，兴奋与意志更加精确地配合、感受器能更准确地摄取外界信息。由于感官知觉功能的提高，增强了人体的积极性反应，对语言、文字等信息也更加敏锐，利于形成条件反射，第二信号系统更趋完善。这样，无论学习文化知识，还是掌握动作技术，都会迅速准确。经常练养生功的人，会感到精力充沛，头脑清晰，思维极有条理，工作热情和工作效率明显提高。

意识和动作相结合的练功方法，会增强神经系统的扩散性，使协同中枢之间的活动更加协同一致，即大脑皮质的运动中枢及第二信号系统处于高度兴奋状态，而皮质的其他部位处于保护性抑制状态，使大脑得到充分的休息，人体很快就消除了疲劳。对慢性病患者来说，由于大脑的充分休息，打破了慢性病的病理兴奋灶，消除了病灶的反馈影响，提高了健康水平，最终达到根治慢性病的目的。

我们知道，人的情感活动与健康关系密切。乐观向上的心境有益于健康，而过度的喜、怒、忧、思、悲、恐、惊等七情活动都会给健康带来危害。“七情”是使人致病的内因。如过喜伤心、怒伤肝、忧思伤脾、悲伤肺、恐伤肾、惊伤胆等。在七情过度时，外界

的风、寒、暑、湿、燥、火等六淫就会乘虚而入，内外交感，造成疾病。所以内经特别强调恬淡虚无，精神内守，而养生功正是贯穿这些要求的。紧张、繁忙、快节奏的现代都市生活，给人们带来精神紧张、情绪烦躁、思维紊乱等负效应，甚至影响身体健康，降低工作效率。养生功要求清静无为，通过自我意念控制，使身体和精神获得最大限度的放松，以缓解精神紧张和压力，使情感活动趋于平和稳定，减少致病的内在因素，从而提高健康水平。

二、改善骨骼、关节和肌肉的结构，提高运动能力

养生功以缠绕螺旋的运动方式，产生合理的生理负荷，使骨骼、关节、肌肉得到系统全面的锻炼，如使骨密质增厚，骨径变粗，骨面肌附着处凸起明显，骨小梁的排列更加整齐规律等。这些变化会增强骨的新陈代谢，在形态结构上产生良好效果。随着形态结构的变化，骨变得更加坚固，从而提高了抗折、抗压、抗扭转等性能。

养生功这种放松性缠绕螺旋运动，可使关节面骨密质增厚，肌腱和韧带增粗，在骨附着处直径增大，胶原含量增加，关节软骨增厚，单位体积内细胞核数目增多，再加上肌肉力量的增强，就加大了关节的稳固性，以及关节囊周围肌腱、韧带的延展性，从而使关节活动幅度增大。因而，经常练养生功的人不仅柔韧性好，还能为进一步学习擒拿与反擒拿奠定良好基础。

螺旋式的缠绕运动，通过反复拧转绞动，配合有意识的放松放长，可使全身各部都参加活动，使肌纤维拉长到一般运动难以达到的长度。锻炼日久，肌纤维中线粒体数目增多，体积增大，肌肉中脂肪减少，结缔组织增多，参与活动的肌纤维和毛细血管数量增加。因而，经常练养生功的人皮肤会逐渐变得细腻光泽，肌肉弹性好，健美有力。过瘦、过胖的人练习养生功后，体型都会有明显的

改善。

大脑放松入静与身体放松运动相结合，改善了神经控制过程，同时也减少了运动过程中的能量损耗，使 ATP 储存于肌肉中。由于运动中 ATP 含量的增加，加快了在神经冲动作用下 ATP 的分解和再合成速度，因而加强了人体的快速反应、快速运动能力，能较快地掌握动作要领，提高运动技术水平。

三、锻炼消化系统，增强呼吸功能

消化系统由消化道和消化腺组成，它的基本功能是摄取食物、消化食物、吸收营养物质和排泄残渣。人体健康与否，与消化系统各器官的功能关系密切。养生功动作柔和缓慢，随着动作导引，内气贯通五脏六腑。深长的腹式呼吸，也使膈肌大幅度地上下移动和腹肌大量活动，形成了对肠胃器官的良性按摩。此时，消化腺分泌的消化液增多，缩短了消化时间，使营养物质的吸收更加顺畅。所以练习养生功能够增强食欲，提高消化能力，有助于消化不良、胃肠官能症及溃疡等疾病的治疗。

养生功要求动作与呼吸密切配合，气贯四梢，必然使呼吸由快变慢，逐渐深长，使膈肌的收缩和舒张能力提高，胸廓间的牵张力加大，肺泡与毛细血管壁的接触面积增加，肺活量逐渐增大。持久练习，肺通气量和最大吸气量都会明显增加，呼吸与动作配合更加协调。这样，在定量工作时，能保持较长时间连续工作而工作能力不致下降。所以，练养生功不仅能防治慢性肺病，还能大大提高工作实效。

四、增强心脏功能，改善脉管系统的工作能力

通过持久的养生功锻炼，可使心肌纤维增粗，心壁增厚，心脏

收缩力增强，心脏的容量及每搏输出量增加。此外，还能改善动脉壁的弹性和韧性，使冠状动脉口径变粗。这些变化使脉管系统更加完善，使消化器官吸收的营养物质、肺吸进的氧和内分泌器官分泌的激素更加顺利地送到各器官和组织，进行新陈代谢，有利于内环境的稳定。一个久练养生功的人，心脏储备力量很强，具体表现为安静时心率低，一般运动时心率升高少，剧烈运动时心率升高很多但恢复较快。

五、鼓荡内气，畅通经络

经络是人体气血运行的通道，与人的生理病理关系密切。经络畅通则身体健康，经络不通则生疾病。所以《灵枢·经别》篇："夫十二经脉者，人之所以生，病之所以成，人之所以治，病之所以起，工之所止也。"又云：所以决生死，去百病，调虚实，不可不通。"气功锻炼的方式、途径虽不尽相同，但根本目的都在于练就充足的内气，并运用内气贯通十二经脉、奇经八脉，通大小周天，从而达到防病治病、强健身体、益智延年的目的。

内气是人体内的生命能量流，其强弱决定人体的健康程度，虽然内气与生俱来，但其盛衰却离不开后天的培养，只要锻炼方法科学、合理，就能使内气汇聚和增强，进而利用这充沛强大的内气增强体质，防身御敌，这里养生功以它特有的方式，在安逸清静的意识支配下，通过合理的姿势导引使人体自身具有的先天之气在短时间内汇聚、饱满、充实、壮大、鼓荡，渐渐贯通十二正经、奇经八脉，充实全身。在意识的引导下，内气行于心，则心火不亢，肾水不寒；内气行于肺，则升降自如，肺气下纳于肾，气沉丹田，运动而不气喘；内气行于肝，则肝火得平，脑清目明；内气行于脾，则运化得健，后天之本生机旺盛，肌肤健美光泽；内气行于血脉之间，则营卫无滞；内气行丁肌肤毫毛，则感觉灵敏，梢节充足。正如养生家言："以我之心，使我之气，适我之体，攻我之疾，何往而不愈焉?"

第三节 练功要领及具体要求

一、松静安逸，自然顺遂

松，指形体而言，不但肌肉要放松，连同骨骼、内脏、皮肤、毛发都要松，全身各处无丝毫紧张感。静，指意念而言，思想清静集中，排除一切杂念，专心练功。练功时一定要放下任何杂务，一心一意，才会取得良好功效。自然，这里也指练功时不憋气，不用僵力，动作与呼吸配合听任自然，毫不勉强。

二、意气相随，形神合一

以意领气，动作与呼吸密切配合，意到、气到、劲到。动功中动作与呼吸配合的一般规律是：开呼合吸，引吸放呼；上升吸气，下降呼气；蓄劲吸气，发劲呼气等等。总之，要任其自然，不可为了配合动作故意拉长呼吸，导致呼吸不畅，神气呆滞。

三、立身中正，分清虚实

不论练动功还是练静功，都要求立身中正，不偏不倚。不可左右摇晃，东倒西歪。具体做法是：头自然正，颈项松，松肩，沉肘，含胸，塌腰。身体移动和旋转时，头颈部和身躯四肢要上下一致，两眼平视，百会穴与长强穴相互贯注。在练功过程中，要仔细体会重心的转移，分清阴阳虚实，认真体会劲路是否畅通，动作是否顺遂，不符合要求时立即调整。练功时要贯穿一动无有不动的练功原则，注意整体配合，做到手、眼、身法、步协调一致，精、气、神、力、功专注一方，循规蹈矩，一丝不苟。

四、练功时间及运动量

练功时间每次 20 分钟至 1 小时，逐渐增加。运动量要根据个人身体素质灵活安排，健康者以练完后身体稍感疲劳但精神舒畅为适宜。体弱者可侧重练静功，练功时架式适当放高，待身体强壮再慢慢降低身法；体质强壮者可侧重动功练习，身法下低。

注意：

病患者练功不宜过于疲劳，一感到疲劳，就应立即休息，待体力恢复后再继续练，以免加重病情。

第二章　基本功训练

第一节　关节活动操

在人体中，血属阴，气属阳，血为气之母，气为血之帅，血随气行。通过肩臂、腰胯、膝、肘、腕、踝等关节活动，使肌肉、筋腱松弛，关节舒展，血脉畅通，促进气血运行。关节活动操作为正式练功前的准备活动，可以振奋精神，强化练功效果；若单独操练，可疏经活络，防治关节炎。

准备活动不宜过多，以身体微微出汗而不气喘为宜。

一、旋转头颈

两脚自然开立，约与肩同宽；双手叉腰，拇指在后，其余四指在前。以颈项为轴，头向左、向后、向右、向前、向左旋转为 1 圈，共转 8 圈，再反方向旋转 8 圈。（图 2-1~图 2-3）

图 2-1

图 2–2

图 2–3

二、活动腕关节

两脚自然开立，约与肩同宽；两手十指环扣交叉于胸前。以腕关节为轴旋转，动作尽量轻柔，幅度要大，次数不限，以舒适为度。（图 2–4）

图 2–4

三、活动肘关节

两脚自然开立，约与肩同宽；两手臂自然垂于体侧，以身体带动手臂，先逆缠进而变顺缠走外前上弧形合于腹前。（图 2–5）

上动不停，双手变逆缠走里下弧循腰两侧外开至两胯侧。（图 2–6）

反复练习。

图 2–5

图 2–6

四、活动肩关节

两脚自然开立，约与肩同宽；两手成勾手，勾尖置于肩前。以肩关节为轴，两肘向前、向上、向后、向下旋转为 1 圈，共转 8 圈。（图 2–7~图 2–9）。

再反方向旋转 8 圈。

反复练习。

图 2–7

图 2–8

图 2–9

五、扩　胸

两脚自然开立，约与肩同宽；双手平抬于胸前，掌心向下，指

尖相对；两脚不动，两肘外展扩胸，后振 2 次。（图 2–10）

随两臂回弹，两臂成侧平举扩胸，掌心朝上，后振 2 次。（图 2–11）

反复练习。

图 2–10

图 2–11

六、振　臂

两脚自然开立，约与肩同宽；左手上举于头部左侧，臂伸直，掌心朝前，右臂垂于右侧，两臂同时后振 2 次。（图 2–12）

再交换两手上下位置，后振 2 次。（图 2–13）

反复练习。

图 2–12

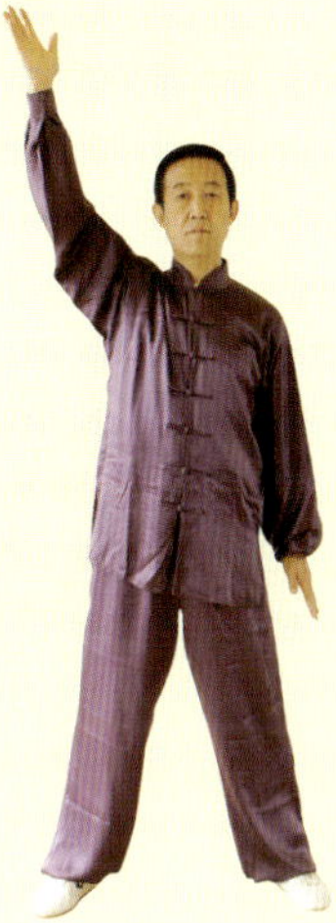

图 2-13

七、抡臂拍打

两脚自然开立，约与肩同宽；松肩、松臂、松胯、屈膝，脚不动，随着身体左转，带动两臂甩开拍打身体，右臂拍打左前胸、腹、肋、肩，左手背及前臂拍打右背，眼随身体向左后方看。（图 2-14）

再向右转，动作相同，方向相反。（图 2-15）

如此自下而上、自上而下随意拍打，次数不限，以轻松舒适为度。

图 2-14

图 2-15

八、架臂转腰

两脚自然开立，约与肩同宽；双手轻握拳，平抬与胸平，拳面相对，脚不动，向左转腰 90°2 次。（图 2-16）

随即向右转腰 90°2 次。（图 2-17）

反复练习。

图 2-16

图 2-17

九、活动髋关节

两脚自然开立，约与肩同宽；两手虎口叉腰（图2-18），拇指在前，其余四指按于肾腧穴上。腰不动，以髋关节为轴，按左→后→右→前的方向旋转8圈。（图2-19、图2-20）

再反方向旋转8圈。反复练习。

图2-18

图2-19

图2-20

十、活动膝关节

两脚自然开立，约与肩同宽；两手按在膝盖上，以膝关节为轴，同时向里、向外各旋转 8 圈（图 2–21）。两脚并拢，手势不变，以膝关节为轴，向左、向右各旋转 8 圈。（图 2–22）

反复练习。

图 2–21

图 2–22

十一、活动踝关节

两脚自然站立；双手叉腰，拇指在后，其余四指在前，重心在右腿，左脚点地，右脚不动，以左脚尖为支点，以左脚踝为轴旋转。（图 2–23）

再以右脚尖点地，旋转右踝关节。（图 2–24）

反复练习。

图 2-23

图 2-24

十二、弹抖放松

立正。左脚提起，右腿支撑体重，松胯屈膝；两臂放松收缩，身体略右转（图 2-25）。放松弹蹬左脚，同时向右前下甩两手臂，全身各个关节都有一种放松舒展的感觉。（图 2-26）

提换右脚弹抖放松，动作相同，方向相反。（图 2-27、图 2-28）

图 2-25

图 2-26

图 2-27

图 2-28

第二节　缠丝劲训练

一、单云手

1. 左单云手

动作一：两脚开步成左弓步；左手上掤至左膝上方，高与肩平；右手叉腰，拇指在后，其余 4 指在前；目视左手，重心在左。（图 2-29）

图 2-29

动作二：接上势。身体向右转，重心移至右腿；同时左手划弧下沉，里合于小腹前，

为顺缠丝劲。（图 2–30）

动作三：接上势。身体继续右转；同时左手向右上穿掌至右胸前，为逆缠丝劲；目视身体右侧前方。（图 2–31）

动作四：接上势。松左胯，身体左转；左手逆缠外开至左膝方，高与肩平；目视左手。（图 2–32）

图 2–30

图 2–31

图 2–32

如此，整个左单云手动作完成。一开一合为 1 拍，一般在每个动作单练时，练够两个 8 拍为 1 节。初学者先搞清楚动作的路线，熟练后，再体会重心移动的盘旋路线，以及腰左右旋转和手臂顺逆缠丝的转换速度。只有这样，才能由生到熟，由熟到顺，逐步达到周身相随，连绵不断。动作特别熟练后，再配合呼吸。开劲逆缠时呼气，内气由丹田催达手指；合劲顺缠时吸气，采自然界清灵之气由掌心顺缠收于丹田之内，充实丹田。

2. 右单云手

动作要领与左单云手相同，方向相反。（图 2-33~图 2-36）

图 2-33

图 2-34

图 2-35

图 2-36

二、双云手

动作一：由左单云手起势，身体微左转；右手由右腰间顺缠划弧下沉于小腹前，左手变逆缠上掤；目视右前方。（图 2–37）

动作二：接上势。身体先左后右转，重心由左腿移至右腿；同时右手向左、向上，变逆缠向右上掤，左手划弧顺缠里合于小腹前；目视左前方。（图 2–38）

这样反复循环运转，练习旋转腰，两臂左右缠丝，周身协调一致。

图 2–37

图 2–38

三、侧面缠丝

动作一：两脚横开成左弓步；左手掤至左膝上方，高与肩平；右手叉腰，拇指在后，其余 4 指在前；重心在左，眼看左手。（图 2–39）

动作二：接上势。身体左转；左手逆缠划弧外开至身体左侧后方；眼看左手。（图 2-40）

动作三：身体右转，重心移至右腿；左手顺缠里合于左膝上方；眼顺左手看左前下方。（图 2-41）

动作四：身体略左转；左手逆缠上掤至左膝上方。（图 2-42）

图 2-39

图 2-40

图 2-41

图 2-42

一开一合为1拍，共练两个8拍。

再换右手练习，动作要领相同，唯左右互换。（图2-43~图2-46）

图2-43

图2-44

图2-45

图2-46

四、左右后搬

动作一：两腿成右弓步；左手置于胸前，高与肩平，右手合于右腰间；目视前方。（图 2–47）

动作二：接上势。身体微左转，重心移至左腿；同时，左手逆缠下搬至腰间，右手先逆缠后搬变顺缠上翻至身体右前方；目视前方。（图 2–48）

这样循环往返，反复练习，以身领手，以腰催肩，以肩催肘，再达手，练习周身结合的后搬劲。注意：在后搬转折上翻时，切勿挑肩。

图 2–47

图 2–48

五、前后双手缠丝

动作一：先立正成预备姿势，然后提左腿向前上步；两手左顺右逆缠丝，向前划弧上掤后搬；目视前方。（图 2–49）

动作二： 接上势。身体右转；两手后搬，重心后移。（图 2–50）

动作三： 接上势。身体左转；两手走下弧左逆右顺缠向前搠，重心在左腿。（图 2–51）

动作四： 接上势。身体右转；两手右逆左顺缠向上后搬。（图 2–52）

图 2–49

图 2–50

图 2–51

图 2–52

反复练习以上动作。也可右腿在前，左腿在后，左右调换。以裆腰为轴旋转，带动两臂缠丝，以身领手，以意导气。

第三节　步法训练

一、前进步

动作一：立正。周身放松，意守丹田；目视前方。（图 2–53）

动作二：然后再上步后搬，如图 2–54 所示，以练习手脚配合，周身相随。

动作三：接上势。重心移至右腿，提左腿向左前方上步；同时，双手变左逆右顺缠走下弧向前掤；目视前方。（图 2–55）

这样反复练习若干次后，换右脚上步，左脚跟步练习，要领同上。

图 2–53

图 2–54

图 2-55

二、后退步

动作一：两脚并立，目视前方；右手合于右腰间，左手手心朝前推出，松肘沉肩。（图 2-56）

动作二：接上势。重心移至右腿，提左腿，脚尖着地，向内划弧后退；同时，左手逆缠向下划弧随左腿后搬，右手由后上翻前推。（图 2-57）

图 2-56

图 2-57

动作三：接上势。重心移至左腿，提右脚，脚尖着地，向内侧划弧后退；同时，右手逆缠向下划弧随右腿后搬，左手由后上翻前推。（图 2–58）

此动作是练习退步时上下配合的方法，可反复练习，练习次数根据场地灵活掌握。

图 2–58

三、左右开步

动作一：身体立正站立；右手叉腰，左手向左侧展开，掌心向左；松肩沉肘，目视前方。（图 2–59）

动作二：接上势。身体微右转，重心移至右腿，提左腿向左侧开步；同时，左手顺缠走下弧里合；目视左前方。（图 2–60）

图 2–59

图 2–60

动作三：接上势。身体微左转，重心移至左腿，提右腿收于左腿内侧成并步；同时，左手里合向上外翻逆缠向左开；目视左前方。（图 2-61）

此时主要是练习手合脚开、手开脚合及上引下进的方法，可根据场地反复练习。练毕左开步，练右开步，动作要领相同。（图 2-62~图 2-64）

图 2-61

图 2-62

图 2-63

图 2–64

四、并步云手

图 2–65

动作一： 立正；两手自然下垂于体侧，全身放松；眼平视前方；松右胯，身体微右转，重心移至右腿，提左腿向左开步，脚跟着地，脚尖上翘；同时，右手先顺后逆缠走右上弧外掤，左手顺缠里合于腹前；目视左前方。（图 2–65）

动作二： 接上势。身体微左转，重心移至左腿，右脚并步于左脚内侧；同时，左手逆缠划弧外翻上掤，右手变顺缠走下弧合于腹前；目视右前方。（图 2–66）

图 2-61

如此开一步并一步，配合双手顺逆缠丝，练习周身上下相随的能力。步法要求轻灵自然，左右方向反复练习。

五、插步云手

图 2-67

动作一：立正；两手自然下垂于体侧，全身放松；眼平视前方；松右胯，身体右转，重心移至右腿，提左腿向左开步，脚跟着地，脚尖上翘；同时，右手先顺后逆缠丝走右上弧外掤，左手顺缠里合于腹前；目视左前方。（图 2-67）

动作二：接上势。右手顺缠里合于腹前，掌心朝左，

左手逆缠外掤于左肩前，掌心朝外；同时，右脚向左脚后插步；目视左前方。（图 2-68）

图 2-68

动作三：身体微右转；右手由顺缠变逆缠外翻上掤，左手顺缠走下弧里合于腹前；同时，重心移至右腿，提左腿向左开步，脚跟着地，脚尖上翘；目视身体左前方，恢复到如图 2-67 所示姿势。

如此开一步，插一步，反复练习。

第三章　太极培元养气法

太极培元养气法包括静坐养气法、桩功聚气法及卧功（卧功暂不介绍）。无论哪种方法，都是通过放松肢体、凝神固志等方法，来挖掘人体潜能，降低基础代谢，调和七情，使气血和顺，经络畅通，达到修养身心、益智延年的目的。

第一节　静坐养气法

一、静坐前的准备

入坐前先宽松衣带，再活动关节片刻，使肌肉筋膜关节得以舒展，便于气血畅通。静坐时，背部不能靠墙或倚靠在其他物件上，同时要注意使空气流通，避免风吹，避免别人干扰。

二、静坐的姿势

（一）自由盘坐

坐于宽凳或硬板床上，两小腿自由交叉，两膝离开坐面，面南背北；两手臂放松，成圆弧形，手掌相叠于腹前，右掌在上，左掌在下，掌心均朝上。（图 3–1）

图 3-1

（二）平　坐

臀部平坐于宽凳或木板床上，两脚掌平踏地，约与肩同宽，大腿与小腿约成直角；两手掌平放于大腿上，掌心朝上、朝下均可；眼可微闭，也可不闭。静坐时姿势要求头自然端正，颈部放松，不可僵硬。躯干正直稳固，不可前俯后仰，东倒西歪。下颏微向内收，唇齿微合，舌尖轻抵上腭，眼微闭，面容轻松自然。肩、臂、肘、腕皆要放松，胸微合，背舒展放松，腹部宽松镇定，会阴穴微微上提。（图 3-2、图 3-3）

图 3-2

图 3–3

三、练功要领

（一）自然呼吸，轻守意念

意念与呼吸姿势调整好后，随着腹部轻微的一起一伏，伴以均匀、柔和的自然呼吸。初练时，为了快速聚气，可采用下沉法引导，即自然吸气，不加意念；两耳静听自己呼气，不使之发出粗糙的声音，随呼气意念从心窝到小腹，使心气下沉于丹田。如此持久练习，丹田会渐渐发热，待丹田发热较明显时，停止引气下沉，使恬淡的意念、绵绵的呼吸轻轻止于丹田，养气。

练功时，思想集中在丹田（泛指小腹），意念要轻，不可紧张死守，意识越清静、越恬淡，体内真气越容易在丹田汇聚和在经络中流通。而思想紧张，急于求成，反而影响真气的正常运行。《内经》："恬淡虚无，真气从之。"就是此意。身体越放松，思想越清静，内气就越旺盛，内气运行也越顺畅。

（二）持之以恒，循序渐进

初练静坐，自然呼吸即可。随着练功的深入，逐渐过渡到均匀、柔和、深长缓慢的腹式呼吸。腹式内呼吸是按照正确的练功方法，通过持之以恒的练功后自然形成的，并非初学者可以一下子做到的。因此初学者不可为了使呼吸达到深长匀细而故意憋气，拉长呼吸，失去自然规律。初学者一般每分钟呼吸 12~14 次，功深者每分钟呼吸 2~3 次即足以保证需要。

（三）排除杂念，消除紧张

杂念的出现是练功初期的必然现象，会影响功效。但不必因此紧张，因为杂念是可以排除的。随着功夫的加深，杂念会渐渐减少，甚至消失。

下面介绍几种简单有效的方法：

1. 数息法

练功时默数自己的呼吸次数，一呼一吸为一次，从 1 往后数。这是以一念代万念之法。

2. 规劝法

练功中出现生活琐事杂念时，劝告自己："现在应专心练功，其他事待练功结束再做，现在多想也没用，安心练功吧。"如此劝告自己几遍，杂念会渐渐减少。

3. 慧剑斩心魔

闭目练功时，杂念过重，难以消除，或出现幻境，沉湎其中难以自拔时，立即睁开双眼，这时一切杂念及幻景立即消失。因魔由心起，故名之“慧剑斩心魔”。待杂念消失后再继续练功。

（四）听其自然，守住丹田

经过一段时间静坐练功，机体内部或体表将产生这样或那样的感觉，如冷、暖、轻、重、沉、凉、麻、胀、痒等现象，起初，一般以四肢末梢感觉最明显，渐有肠鸣咕咕之声，进而全身或局部清凉、温暖、肌肉跳动、麻胀等现象，因个人体质不同而各异。这些感觉是练功的正常反应，称之为“得气”。有时还会出现山、水、人物等幻景，都不必紧张害怕，更不能追求，以免“着相”。这些东西都是虚幻不实的，是大脑对客观世界的歪曲反映。对所有幻觉都不动心，不予理睬，只管轻轻守住丹田，幻景自会消失。见怪不怪，其怪自败。各种动象都将随着功夫的加深逐渐平静下来，恢复到安静、虚无、平和的状态。这时心如止水，杂念不起，呼吸绵绵，意念似有似无，若隐若现，真正体会到恬淡虚无的境界，呼吸方式也就自然过渡到腹式内呼吸了。

四、收 功

两手覆于丹田上，以丹田为中心，顺时针揉36圈，面积扩大到胸腹；再反方向揉24圈，圈渐渐缩小，止于丹田。揉毕搓热双掌，擦脸12次（健脾），双手大拇指背搓热，擦眼眶12次（明目），两手掌将耳翼向前压，紧贴耳孔，以食、中二指敲击风府穴36次，然后按摩双腿、双脚片刻，慢慢起身，练功结束。

注意：要本着执著、严肃、谨慎、真诚的练功精神刻苦练功，但不可执著功效。古人云：“不可用心守，不可无意求，用心着相，无意落空，似守非守，绵绵若存。”总体原则是：求放心，不动心，勿忘勿助，有意练功，无意成功。

第二节　桩功聚气法

一、采气法

动作一： 两脚开立，与肩同宽，屈膝松胯，立身中正，全身放松；两臂自然下垂于体侧；头自然正，两目微闭，内视丹田，唇齿微合，舌尖轻抵上腭，自然呼吸。（图 3–4）

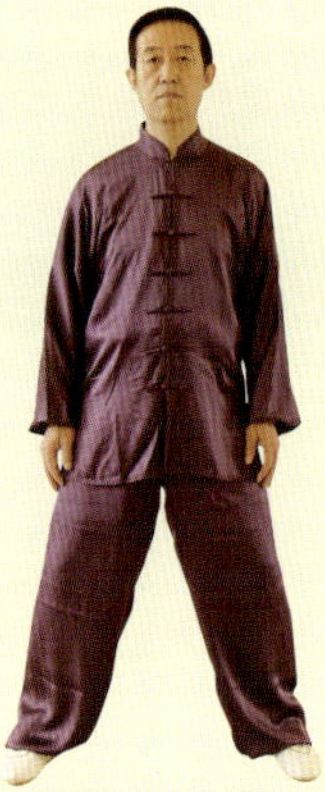

图 3–4

动作二： 接上势。两臂慢慢自然顺缠外翻向左右两侧上升，与头顶相平，吸气。（图 3–5）

动作三： 上动不停。两手继续上升逆缠里合于额前，掌心朝下，吸气尽。（图 3–6）

图 3–5

图 3–6

动作四：呼气，两掌随身体下沉经胸前下沉，经丹田时稍停，然后继续放松下沉，意念气沉脚底，呼气尽。（图 3–7、图 3–8）

图 3–7

图 3–8

动作五：还原，再上升吸气，下沉呼气，反复练习，使身体内部有上下贯通之气感。

【要求】在练习时，呼吸要深长、匀细。初学者不易做到，不必强为，随呼吸自然动作。吸气时采天地清灵之气，由百会贯于丹田，充实全身，行于涌泉，循环不已，体内浊气、病气自然排出体外。

二、抓气法

动作一：立正，屈膝松胯，含胸塌腰，头自然正，颈部放松，唇齿微合，舌尖轻抵上腭，眼平视前方，自然呼吸。（图 3–9）

动作二：接上势。左脚向左前开步成左弓步；两手走上弧向前推出；目视前方，呼气。（图 3–10）

动作三：上动不停。重心走弧线后移；两掌变拳抓气下沉，收于丹田；目视前方，此时吸气。（图 3–11、图 3–12）

动作四：接上势，随呼气双拳变掌由丹田走上弧前推。（图 3–13）

【要求】上述动作反复练习，左右均可，使虚实转换圆转自如，丹田与命门相吸相通。

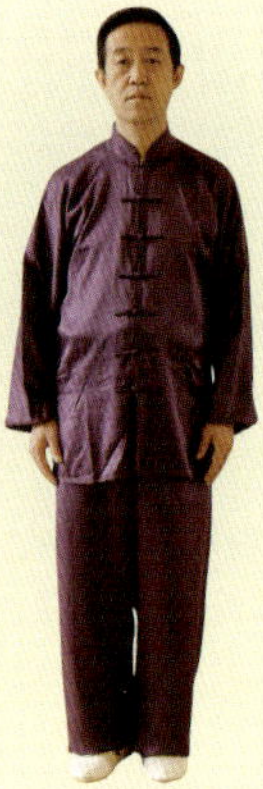

图 3–9

图 3–10

图 3–11

图 3–12

图 3–13

三、丹田内转运气法

动作一：两脚开立，比肩略宽，屈膝松胯；两目微闭内视，唇齿微合，舌尖轻抵上腭，呼吸自然；左手心覆盖于脐上，右手掌盖在左手背上。（图 3–14）

图 3–14

动作二：结合身法，虚实转换，两手顺时针以肚脐为中心，由小到大转 36 圈，直到上胸下腹，配合自然呼吸；再换右手在下、左手在上，逆时针方向由大到小转 24 圈，收于肚脐。（图 3–15、图 3–16）

注意：女士先逆转 36 圈，再顺转 24 圈，双手上下位置与男子相反。

图 3–15

图 3–16

四、浑元桩

两脚开立，比肩略宽，屈膝松胯，含胸塌腰，立身中正，全身放松。头正，微上顶，颈部放松，唇齿微合，舌尖轻抵上腭；两臂弧形环抱于胸前，手心朝里，指尖相对，肩松肘沉；裆要开圆，脚踏实地，脚趾、脚外侧、脚跟皆贴地，涌泉穴要虚，重心在两腿之间。（图 3–17、图 3–17 附图）

【要求】思想清静而集中，全身放松，任大气自然流行。

图 3–17

图 3–17 附图

五、收　功

收功方法与静坐养气法收功相同，不再述。

第四章　陈式太极拳精要十八式

第一节　动作名称

第一式　太极起势　　第二式　金刚捣碓
第三式　懒扎衣　　第四式　六封四闭
第五式　单鞭　　第六式　白鹅亮翅
第七式　斜行　　第八式　搂膝
第九式　拗步　　第十式　掩手肱拳
第十一式　高探马　　第十二式　左蹬一跟
第十三式　玉女穿梭　　第十四式　云手
第十五式　转身双摆莲　　第十六式　当头炮
第十七式　金刚捣碓　　第十八式　收势

第二节　动作图解

第一式　太极起势

动作一：两脚并立，成立正姿势；两臂下垂于身体两侧，手心向内；头自然正，唇齿微合，舌尖轻抵上腭，二目平视。（图4-1）

图 4–1

动作二：接上势。屈膝松胯，放松下沉，提左脚向左横开一步，比两肩略宽，脚尖微外摆，脚趾、脚掌外缘、脚后跟皆要贴地，涌泉穴要虚，含胸塌腰，松肩沉肘，立身中正，头自然正直，虚领顶劲，二目平视。（图 4–2）

图 4–2

【要求】横开步时，重心先移到右腿，提左脚开步，脚尖先着地，慢慢踏平，周身放松，气沉丹田，降于涌泉，屈膝松胯，下沉时呼气。

此时脑静心空，思想高度集中，心中无一所念，浑然如一片无极景象。

动作三：接上势。两手缓缓上升，高与肩平，手心向下，松肩沉肘；随两手上升，身体慢慢下降，屈膝松胯，两脚踏实；二目平视。（图 4–3）

【要求】当两手上升、身体下降时，胸、背、肋、腹各部肌肉均要松弛下沉，促使心气下降，切忌肩上耸，横气填胸。此动吸气。

动作四：接上势。身体继续下沉，屈膝松胯；两手随身体下按至腹前，手心向下；二目平视。（图 4–4）

【要求】两手下按时要立身中正，切忌弯腰突臀，裆部要松、虚、活。下蹲时，如坐凳子一样。此动呼气。

图 4–3

图 4–4

第二式　金刚捣碓

动作一：接上势。身体微向左转，重心右移；两手左逆缠右顺缠，走弧线向左前上方掤出，左手掤至左膝上方，高与眼平，手心朝外，右手掤至胸前中线，手心朝上；目视左前方。（图 4–5）

图 4–5

【要求】上掤转体时，要结合腰裆劲，松胯塌腰，劲贯手掌。此动吸气。

动作二：接上势。身体右转 90°，重心由右移到左腿，右脚尖外摆；两手左顺右逆缠向右后搌；目视左前方。此动呼气。（图 4–6）

动作三：接上势。重心移至右腿，左腿提起，里合扣裆，屈膝松胯，身体下沉且微向右转；两手上掤；目视左前方。（图 4–7）

图 4–6

图 4–7

【要求】左腿上提，身体下沉，上下相合。切忌弯腰突臀。此动吸气。

动作四：接上势。左脚跟内侧着地，向左前方铲地滑出，脚尖上翘里合，重心在右腿；两手继续向右后上方加掤劲；目视左前方。（图 4–8）

【要求】向前开步时，身法要端正，左脚向左前开步，两手向右上掤，形成对称。此动呼气。

动作五：接上势。重心由右腿移到左腿，左脚尖外摆踏平，身体随重心移动向左转 45°；两手左逆右顺缠，走下弧向前掤，左手掤至胸前，手心朝下，右手下沉至右膝内上方，手心朝外，指尖朝后；目视前方。（图 4–9）

【要求】转身、移重心、手前掤要协调一致。塌腰旋裆，裆走下弧向前。左臂保持半圆，掤劲不丢。右臂切勿夹肘，与身体要有一定距离。左膝与左脚跟上下对照，右腿屈膝松胯，保持裆劲圆活。此动先吸气后呼气。

图 4–8

图 4–9

动作六：接上势。左手向前撩掌，向上、再向内环绕合于胸前右前臂内侧，右手领右脚弧线向前上托掌，于右胸前与左手相合，左手心朝下；右脚经左脚内侧向前上步，脚尖点地，重心在左腿；目视前方。（图 4–10）

图 4–10

【要求】上步时，要屈膝松胯，轻灵自然，稳重，两手与身体有上下相合之意。此动吸气。

动作七：接上势。左手顺缠外翻下沉于腹前，手心朝上，右手握拳下沉落于左掌心内，拳心朝上；目视前方。（图 4–11）

【要求】两手与身体间距 8~10 厘米，有圆掤之感。随落拳腰劲下沉。此动呼气。

动作八：接上势。右拳逆缠向上提起，高与右肩平；左腿屈膝松胯，提起右腿旋于裆内，脚尖自然下垂；目视前方。（图 4–12）

图 4–11

图 4–12

【要求】提腿时，身体要下沉，有上下相合之意。提拳时要松肩沉肘，促使内气下降，支撑要稳。此动吸气。

动作九：接上势。右脚震脚落地，脚掌踏平，两脚间距约与肩同宽；右拳顺缠下落于左掌心，两臂撑圆；目视前方。（图 4-13）

【要求】右拳、右腿同时下沉，震脚发劲，屈膝松胯，气沉丹田。此动呼气。

图 4-13

第三式　懒扎衣

动作一：身体微左转，重心右移；右拳变掌，逆缠上掤于头右侧，左手逆缠下按至左胯侧；目视左前方。（图 4-14）

【要求】右拳变掌上掤时，先塌腰旋转，以身催手，弧线上掤，与左手下按配合，形成开劲。此动吸气。

图 4-14

动作二：接上势。两手由双逆缠变双顺缠划弧交叉于胸前，左手合于右臂内，手心朝外，右手心朝上；重心移至左腿，提右腿向右横开一大步，脚跟内侧着地，脚尖上翘里合；目视身体右方。（图 4–15）

【要求】手合脚开同时进行并协同一致，手到脚到，开步要轻灵自然。此动呼气。

动作三：接上势。身体左转，重心右移；右手顺缠上掤；目视右前方。（图 4–16）

【要求】移重心时，裆走后圆弧，左肘掤劲不丢，右腋不能夹死，有圆虚之感。此动吸气。

图 4–15

图 4–16

动作四：接上势。身体向右转；右手逆缠外开至右膝上方，松肩沉肘，略变顺缠，指尖高与眼平；左手顺缠，经腹前至身体左侧，变逆缠叉腰，四指在前，拇指在后；重心在右腿；眼随右手转视前方。（图 4–17）

【要求】开右手时，以腰催肩，劲到松肩，以肩催肘，劲到沉肘，略坐腕，劲贯于指尖。松胯塌腰，开裆贵圆，右实左虚，右膝与脚跟上下对照，不能前倾、后倒、外撇。左腿挺而不直，膝微屈，脚尖内扣，立身中正，舒展大方。此势继续呼气。

图 4–17

第四式　六封四闭

动作一：接上势。身体右转，重心略右移；左手从腰间走上弧与右手相合，右手略牵引下沉；目视右手中指端。（图 4–18）

【要求】左手与右手相合时，与身体右转、重心右移相结合，两手坐腕接劲。此动吸气。

动作二：接上势。身体左转，重心左移；两手左逆右顺缠，自右而向左下捋；目视右前方。（图 4–19）

【要求】下捋时，重心下沉，塌腰，两手合劲不丢，外加掤劲。此动呼气。

图 4–18

图 4–19

动作三：接上势。身体继续左转；两手继续左逆右顺缠，向左后上方；重心后移，目视左前方。（图 4–20）

图 4–20

【要求】撮时，两手不能偏后，右臂掤劲不能丢。此动吸气。

动作四：上动不停。重心继续右移；两手左顺右逆缠向上划弧，合于左肩时，身体略右转；目视右前方。（图 4–21）

【要求】在由撮变按时，两手下撮上合，均由裆腰左移右旋，松肩沉肘，旋腕转膀，使劲不丢不顶，圆转自如，转折顺遂。此动继续吸气。

动作五：接上势。重心不变，身体微右转下沉；两手合力走弧线向右前下方按；左脚收于右脚内侧 20 厘米处，脚尖点地；目视右前下方。（图 4–22）

图 4–21

图 4–22

【要求】双手下按时，要松胯塌腰，松肩沉肘，两手合力随身体下沉前要协调一致。此动呼气。

第五式 单 鞭

动作一：接上势。身体微右转；两手双顺缠，左前右后旋转，手心朝上；重心在右，左腿以脚尖为轴，膝随身转里合；目视两手。（图 4–23）

【要求】两手旋转时要圆活，不能有抽扯之形。此动吸气。

动作二：接上势。身体左转，重心在右，左腿以前脚掌着地，膝随身转外摆；右手逆缠，五指合拢，走弧线，腕向上提，高与肩平；左手心朝上，随身转下沉于腹前，左肘掤劲不丢；目视右手。（图 4–24）

【要求】右手变勾手上提时，随身体旋转，塌腰，松肩，沉肘，以腰为轴，节节贯穿。此动为开，呼气。

图 4–23

图 4–24

动作三：接上势。身体右转，重心全移于右腿，左腿屈膝提起，左膝内扣；右手腕领劲，左手不动；松肩沉肘，上下相合；目

视左前方。（图 4–25）

【要求】右腿支撑重心，上下相合，切忌弯腰突臀。此动为合，吸气。

动作四：接上势。右腿支撑重心，左脚跟内侧着地，向左铲地滑出，脚尖上翘里合；右手腕领劲，左手下沉合劲；目视左前方。（图 4–26）

【要求】立身中正，掤劲不丢。此动为开，呼气。

图 4–25

动作五：接上势。身体微右转，重心左移，成左弓步；左手穿掌上掤逆缠外翻至右胸前；目视前方，瞟视左手。（图 4–27）

【要求】移重心时，裆走外下弧线，旋转移动，左膝不能超出左脚尖。左手外翻时，不能挑肩架肘。此动吸气。

图 4–26

图 4–27

动作六：接上势。身体微左转；左手逆缠外开至左膝上变顺缠放松下沉；目随左手送至体侧后，再转视正前方。(图 4–28)

【要求】左脚尖外摆，右脚尖内扣，松胯屈膝，立身中正，虚领顶劲，松肩沉肘，两臂与两腿有上下相合之意。此动为外或内合，呼气。

图 4–28

第六式　白鹅亮翅

动作一：接上势。身体左转，左脚尖外摆；右勾手变掌，双手顺缠交叉合于胸前，左手手指朝上，手心朝右，右手手心朝上，指尖朝前上；目视右前方。（图 4–29)

动作二：接上势。身体左转，重心移到左腿，上右步；右手微顺缠外加掤劲。（图 4–30)

图 4–20

图 4–30

动作三：接上势。身体右转，重心右移；两手同时逆缠外开，左手下按至左膝上方，高与胯平，手心朝下；右手上掤，手心朝外，两臂成半圆弧型；左脚上步收至右脚左前方，脚尖点地；目视前方。（图 4–31、图 4–31 附图）

图 4–31

图 4–31 附图

第七式　斜　　行

动作一：接上势。脚步不动，身体左转；左手逆缠后摆，右手顺缠，松肩沉肘，向左前划弧摆动；目视左前方。（图 4–32）

【要求】以身代手，催动两臂转动，如风摆杨柳一样。此动吸气。

图 4–32

动作二：接上势。身体右转，右脚尖右摆，左脚尖着地，左膝里合；左手随转身由左后向右上划弧，合于鼻前中线，立掌，掌心朝右；右手逆缠划弧下按于右腿外侧，手心朝下；目视左前方。（图 4–33）

图 4–33

【要求】两手转动时，以腰为轴，顶劲领起。此动呼气。

动作三：接上势。重心移至右腿，左腿屈膝提起；两手向右上掤；目视身体左前方。（图 4–34）

【要求】两手上掤，身体下沉，右腿支撑重心，屈膝松胯，上下相合。此动吸气。

动作四：接上势。身体下沉，左脚跟内侧着地并向左前方开步，脚尖上翘；两手继续上掤；目视身体左前方。（图 4–35）

【要求】开步时，两手上掤，腰劲下塌，上下对称。此动呼气。

图 4–34

图 4–35

动作五：接上势。身体左转，重心左移；左手逆缠，随身体左转走下弧至左膝下；右手顺缠，向后环绕变逆缠合于右耳下；目视左前方。（图 4–36）

【要求】转体与移重心要协调一致。

图 4–36

动作六：接上势。身体继续左转，重心在左；左手五指并拢变勾手，弧线上提至与肩平，右手立掌合于胸前；目视前方。（图 4–37）

【要求】左手上提，手腕放松领劲。

动作七：接上势。身体右转；右手逆缠划弧向右拉开，松肩沉肘，含胸塌腰，松胯屈膝；目视前方。（图 4–38）

【要求】此势两手、两足位四隅角，要立身中正，舒展大方，开裆贵圆，虚领顶劲，上下四傍，八面支撑，谓之“中定身法”。此动呼气。

图 4–37

图 4–38

第八式 搂 膝

动作一：接上势。身体下沉，松胯屈膝下蹲；两手先逆后顺略上领，再变顺缠下合于左膝上方；重心在左腿，目视前下方。（图 4–39）

【要求】两手下合时，要身法正直，随身下沉，两手如捧水一样合劲不丢。此动先吸气后呼气。

动作二：接上势。两手领劲上掤，左手在前，右手在后，立掌于胸前中线；随手上领，重心移至右腿，左腿收回至右脚左前方，脚尖点地，屈膝松胯；目视前方。（图 4–40）

【要求】重心走下弧后移至右腿，左腿收回要自然。此动吸气。

图 4–39

图 4–40

第九式 拗 步

动作一：接上势。身体微右转；两手右逆缠左顺缠后下握；左腿屈膝提起，重心在右腿；目视前方。（图 4–41）

【要求】下握时掤劲不丢，身体上下相合，右腿要稳。此动呼气。

动作二：接上势。身体微左转，左腿向前上步，脚跟着地，脚尖上翘，重心在右腿；同时，两手左逆右顺缠，向上、向前掤；目视前方。（图 4-42）

【要求】向前迈步要自然，两手划弧上掤下捆，要与身法自然结合。两手上翻时吸气，下沉时呼气。

图 4-41

图 4-42

动作三：接上势。身体左转，重心移至左腿；左手逆缠下按，右手顺缠向前推出；右腿屈膝提起；目视前方。（图 4-43）

【要求】步法稳重，上步轻灵自然。此动先呼气后吸气。

动作四：接上势。右脚向前上步，脚跟着地，

图 4-43

脚尖上翘，重心在左腿，身体微左转；左手下沉，右手前推；目视前方。（图 4–44）

【要求】上步如猫行，轻灵自然。

动作五：接上势。右脚尖外摆，重心移至右腿，提左脚向左前方上一步，身体随上步自左向右转体 90°；右手逆缠下沉，左手顺缠上翻划弧经左耳变逆缠，与右手交叉相合于胸前；重心偏右腿，目视前方。（图 4–45）

【要求】移重心上步时，身体不能上提，两手交叉，掤劲撑圆，立身中正。此动先吸气后呼气。

图 4–44

图 4–45

第十式 掩手肱拳

动作一：接上势。身体略右转，重心左移；两手逆缠自下向左右分开；目视前方。（图 4–46）

【要求】两手分时，以身带手，沉稳圆活。此动接上势，继续吸气。

图 4–46

图 4–47

动作二：接上势。重心右移，身体略左转；右手顺缠上翻变拳合于右腰间，拳心向上；左手由逆缠变顺缠，立掌合于胸前正中线；目视前方。（图 4–47）

【要求】握拳合劲时身体中正下沉，松胯屈膝，劲合于右腿，蓄劲待发。此动吸气。

动作三：接上势。右腿蹬地里合，身体迅速左转，松左胯；右拳逆缠螺旋前冲，左肘向后发劲；目视右拳前方。（图 4–48）

图 4–48

【要求】发劲时，拧腰转裆，将右拳突然冲出，前拳后肘，对称发力，完整一气。

第十一式　高探马

动作一：接上势。重心不变，身体右转；两拳变掌，左手逆缠前掤，右手逆缠下分；目视前方。（图 4–49）

【要求】手臂分开时，随裆腰旋转，身法中正，两臂掤劲不丢，有支撑八面之势。呼气。

动作二：接上势。身体左转，重心右移，右脚尖内扣；右手顺缠外翻置于身体右侧，高与肩平，再变逆缠合于右肩前，左手顺缠里合；目随右手旋转，再视左前方。（图 4–50）

【要求】右手外翻上掤旋转时，要开胸松胯，有开中寓合之势。此动吸气。

图 4–49

图 4–50

动作三：接上势。身体左转，重心在右腿，左脚向左后划弧收于右脚内侧，脚尖点地；同时，右臂松肩沉肘，顺缠向右侧推，左

手顺缠收至腹前，高与脐平，手心向上；目视右前方。（图 4-51、图 4-51 附图）

【要求】推右掌要随转体，周身一致。此动呼气。

图 4-51

图 4-51 附图

第十二式　左蹬一根

动作一：接上势。左手逆缠外掤，右手先顺缠略里合再逆缠，与左手同时外掤，两手心均朝外；同时，重心移到左腿，提右腿向右横开一步。（图 4-52）

图 4-52

动作二：接上势。两手轻握拳，顺缠里合于腹前，拳心向里；同时，左腿屈膝提起，脚尖放松，悬于裆内；目视左

前方。（图 4–53、图 4–53 附图）

【要求】身体下沉，提腿，屈膝松胯，上下相合，两肘外掤，蓄而待发。此动吸气。

图 4–53

图 4–53 附图

动作三：接上势。右腿支撑重心，身体略右倾，左脚用腰裆力向左侧平蹬，高与腰平；两拳分别向左右冲击，力贯拳面。（图 4–54）

【要求】右腿支撑要稳，左脚和左右拳要同时发劲，要“缩身如猬形，吐气贯长虹”。此动呼气。

图 4–54

第十三式　玉女穿梭

动作一：接上势。左脚

落地，重心左移，右脚收回，脚尖点地；两拳变掌顺缠合于腹前。（图 4–55）

动作二：接上势。重心左移，身体右转；两手随之右转掤于胸前，立掌，右手在前，左手在后；同时，右脚以脚尖为轴右膝外摆，左脚尖内扣随身右转；目视前方。（图 4–56）

【要求】转身时要以腰催肩，以肩催肘，掤于手。此动先吸气后呼气。

图 4–55

动作三：接上势。屈膝松胯，身体下沉；两手双逆缠下合；目视前方。（图 4–57）

【要求】随身体下沉，两手下按，切勿弯腰。此动接上势下沉呼气。

图 4–56

图 4–57

动作四：接上势。两手顺缠，迅速向上领起；双脚随之上纵离地；目视前方。（图 4–58）

【要求】以手领劲，周身一致，上纵轻灵。此动吸气。

动作五：接上势。双震脚落地；双手逆缠随之下按；目视前方。（图 4–59）

【要求】震脚落地、两手下按要沉重有力，完整一气，立身中正。此动呼气。

动作六：接上势。两手逆缠上掤；右腿随之屈膝提起；目视前方。（图 4–60）

【要求】手掤提腿，立身稳重，周身合一，内劲团聚不散。此动吸气。

图 4–58

图 4–59

图 4–60

动作七： 接上势。重心在左腿，身体迅速左转，右腿里合外蹬；右掌逆缠前推，左手逆缠，向左后发肘劲；目视右前方。（图 4–61）

图 4–61

【要求】将周身团聚之劲迅速贯于右脚、右手和左肘，左腿独立稳重。此动呼气。

动作八： 接上势。右脚跨步落地，重心移至右腿，身体微右转；左掌略下沉；目视前方。（图 4–62）

【要求】此式为窜跳的过渡动作，右脚落地即起，用右脚前掌弹地蹬起前跃。此动先吸气后呼气。

动作九： 接上势。右脚蹬地弹起前纵，身体在空中向右旋转 180°；左手逆缠向左猛推，右掌向右开；左脚先落地，右脚从左脚后插过，脚尖着地；目视左侧。（图 4–63）

图 4–62

图 4–63

【要求】此势为下势过渡动作，练习时可以不停，落地轻稳，身法中正。

动作十：接上势。身体右转 180°，重心移至右腿，左腿随转身里合；同时，两手随转体左顺右逆由左向右后转搌；目视左前方。（图 4-64）

【要求】转身时，身法下沉，两手掤劲不丢。此动吸气。

图 4-64

第十四式　云　手

动作一：接上势。右手顺缠里合于腹前，掌心向左，左手逆缠里合外掤于左肩前，掌心向外；同时，右脚向左后插步，脚尖点地。（图 4-65）

图 4-65

动作二：接上势。身体微右转，重心移至右腿，右脚踏实，提左腿向左前方横开一步，脚跟着地，脚尖上翘；同时，右手逆缠外翻上掤，左手顺缠走下弧，里合于腹前；目视左前方。（图 4–66）

动作三：接上势。身体微右转；左手由顺缠变逆缠，划弧外翻上掤，右手变顺缠里合于腹前；同时，重心移至左腿，右脚插步于左脚后方；目视左前方。（图 4–67）

【要求】云手以腰为轴，两手在体前分别向左右两侧划弧，如车轮滚翻，上下往返。开一插一为一步，共 4 步，也可根据场地灵活掌握。

图 4–66

图 4–67

第十五式　转身双摆莲

动作一：接上势。两手左顺右逆缠向右后方搌；身体先以左脚跟为轴，再以右脚跟为轴向右后旋转 180°；右手位于胸前中线，掌心朝右上方，左手拉于左肩前，掌心向上；目视左前方。（图 4–68）

动作二：接上势。重心右移，身体微右转，左腿屈膝提起，向左前方开步；两手向右后方搌；目视前方。（图 4–69）

动作三：接上势。身体向右转，重心左移；两手右后搌转为走

下弧向前合劲，合于右腰侧；目视前方。（图 4–70）

动作四：接上势。重心在左腿，提右腿向左走下弧向上、再向右摆击；两手掌向前与右脚外侧击拍相合；目视前方。（图 4–71）

【要求】摆脚与手合击的速度要快，劲力完整一气。此动先吸气后呼气。

图 4–68

图 4–69

图 4–70

图 4–71

第十六式　当头炮

动作一： 接上势。拍脚后，右腿向右后撤一步；两手逆缠向左上掤；重心在左腿，目视前方。（图 4–72）

图 4–72

【要求】 拍脚后步要稳，上引下进协调一致。此动吸气。

动作二： 接上势。身体微右转，重心移至右腿；同时，两手左顺右逆缠，随重心后移下捋再变拳合于右胸侧；目视左前方。（图 4–73）

【要求】 两手下捋，随重心移动转身一致，切勿弯腰。此动先呼气后吸气。

动作三： 接上势。右脚蹬地，重心迅速由右腿移至左腿，身体随之左转；两拳合力向前发劲，拳眼向上，拳心相对；目视前方。（图 4–74）

图 4–73

图 4–74

【要求】心意一动，猝然抖发，如金狮抖毛，猛虎下山，完全是腰裆的弹抖劲，力贯拳顶。此动呼气。

第十七式　金刚捣碓

动作一：接上势。两拳变掌左顺右逆向右后上方搌带；同时重心由左向右移；目视左前方。(图 4–75)

图 4–75

动作二：接上势。重心由右腿移至左腿，脚尖外摆踏实，身体随重心移动向左转 45°；两手左逆右顺缠走下弧向前掤，左手掤至胸前，手心朝下，右手下沉至右膝内上方，手心朝外，指尖朝后；目视前方。(图 4–76、图 4–77)

图 4–76

图 4–77

动作三：接上势。左手向前撩掌，向上、再向内环绕合于胸前右前臂内侧；同时，右手领右脚弧线向前上托掌合于右胸前与左手相合，右手心朝上，左手心朝下；右脚经左脚内侧向前上步，脚尖点地，重心在左腿；目视前方。（图 4–78）

图 4–78

动作四：接上势。左手顺缠外翻下沉于腹前，手心朝上，右手握拳下沉落于左掌心内，拳心朝上；目视前方。（图 4–79）

动作五：接上势。右拳逆缠向上提起，高与肩平；右腿屈膝松胯提起，右脚悬于裆内，脚尖自然下垂；目视前方。（图 4–80）

图 4–79

图 4–80

动作六：接上势。右脚震脚落地，脚掌踏平，两脚间距同肩宽；右拳顺缠下沉于左掌心内，两臂撑圆；目视前方。（图 4–81）

图 4–81

第十八式　收　势

动作一：接上势。右拳变掌，两手向左右下分；身体微下沉，屈膝松胯；目视前方。（图 4–82）

【要求】两手分，身下沉，切勿弯腰。此动先吸气后呼气。

动作二：两手同时各向左右划外弧合于两肩前；目视前方。（图 4–83）

【要求】两手上升，松肩沉肘，胸、腹、背各部肌肉均松弛下沉。此动吸气。

图 4–82

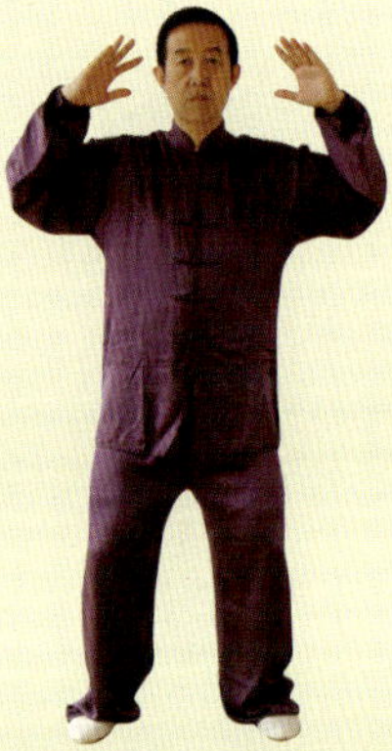

图 4–83

动作三：接上势。两手顺身体两侧缓缓下按于两大腿外侧；目视前方。（图 4-84）

【要求】两手下按，呼气，周身放松，气归丹田，意形还原。一套拳练完，心平气和，自始至终，一气贯通。

动作四：接上势。身体慢慢立起，恢复到自然站立姿势；目视前方。（图 4-85）

图 4-84

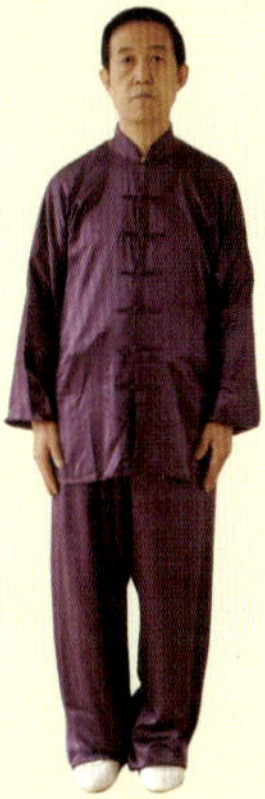

图 4-85

第五章　陈正雷论太极拳

二十一世纪太极拳发展刍议

陈正雷

（1998 年温县国际太极拳年会论文）

太极拳作为中国东方传统文化的杰出代表，在历经了 300 余年的衍变发展后，终于在本世纪末，向全人类发出了它应有的璀璨光芒。而面对即将来临的 21 世纪，太极拳将为人类作出怎样的贡献；太极拳在下个世纪里，有怎样的发展前景；在世纪之交，我们需要做些什么。

一、太极拳发展史，有力地证明太极拳不愧为中华民族最优秀的文化遗产

太极拳始创于明末清初，河南温县陈家沟陈氏第九世人陈王廷（公元 1600—1680 年），正是这位武学泰斗，在家传拳术的基础上，依据中华民族数千年源远流长的文化内涵和东方哲理，勇于创新，将《河图》《洛书》之太极阴阳八卦学说，与导引、吐纳及中医经络学说相结合，熔众家拳术于一炉，创编了这种具有阴阳开合、虚实转换、刚柔相济、快慢相间的特点，以及符合人体生理规律和大自然运转规律的拳术运动。由于它是据太极之理，由无极至太极，由无相而有相，由静而动，每个招式都分阴阳，

动作又以弧形曲线为基础，因此定名为太极拳。我们可以说，太极拳本身就是创立在中华民族传统文化基础上，并代表了东方文化深邃内涵的武林奇葩。

陈王廷创编太极拳后，太极拳成为温县陈家沟陈氏家族的“独得之秘”，陈姓老幼妇孺习拳之风，世代相传，经久不衰，且名手辈出。直至百余年后，传至陈氏十四世陈长兴（1771—1853 年），又再树里程碑，他不但继承先祖创编太极拳的精髓，而且在原有的基础上由博归约，精炼归纳，又有了新的发展。也正是由于他敢于打破“门户之见”，将陈家“独得之秘”传于外姓人杨露蝉（1799—1872 年），并与同辈份陈有本的共同努力，才使太极拳逐步走出陈家沟，为世人所认识。

在陈长兴之后的 100 多年间，是太极拳各流派形成时期，也是太极拳震惊武林时期。同时，太极拳的理论研究也登上了新的高峰，其中陈鑫的《陈氏太极拳图说》将陈式历代名哲苦心研究的成果，慨然笔之于书而无所隐，用一生的心血和结晶，对陈氏太极拳作了最系统全面的总结，为太极拳的进一步发展奠定了雄厚的理论基础。而太极拳在历经了历代先哲们身体力行地辛勤耕耘传播后，才使那出神入化的太极功夫，逐步被人们所认识热爱，有了广泛性的发展，展示了太极拳无尽的迷人魅力。但由于这时期是清王朝由盛转衰的时期，和其他历史原因，所以太极拳的传播仍囿于小圈之中，人们对太极拳的认识了解，还处在扑朔迷离的传说之中。

上世纪 50 年代以来，太极拳受到了党和政府的高度重视，太极拳被提到了增强人民体质、为人民的健康服务的高度。国家体委为普及太极拳，先后整理创编了简化太极拳二十四式、四十八式等，组织编写出版了一大批有关太极拳方面的书籍，为太极拳的发展奠定了基础。特别是在改革开放后，随着人民生活水平的不断提高，太极拳成了深受群众喜爱、普及率最高的群众健身项目。国际太极拳交流活动也日益频繁，太极拳已在世界许多国家拥有了大批的爱好者，来国内学习太极拳的国外爱好者逐年递增，国内外纷纷成立太极拳组织研究推广太极拳。1990年北京亚运会开幕式上，1400名中日太极拳选手的精彩表演，标志着太极拳正式走向国际舞台。现在国家每年举行一次全国性的太极拳比赛，及温县国际太极拳年会、永年国际太极拳联谊会等，都吸引了大量的国内外太极拳爱好者，促进了太极拳运动水平的不断提高。1995年，国家体委《全民健身计划纲要》颁布实施，使太极拳的作用地位更加突出，以前所未有的速度，在国内普及、在国外传播，出现了空前的繁荣景象，进入了全新的鼎盛时期。1978年11月16日，世纪伟人邓小平为太极拳题词“太极拳好”，不仅为太极拳本身下了最好的定义，证明太极拳不愧为中华民族最优秀的文化遗产之一，同时也为太极拳普及、推广、发展、提高指明了方向。

二、21世纪为太极拳发展展现了美好的前景

太极拳在经历了300余年的历程后，这项古老的传统体育运动，终于焕发出无尽的青春魅力。有人预言21世纪，从人类健康角度来看，将是人类自我保健的世纪，而人类自我保健手段中，最卓有成效的，首推融健身、防身、修身、养性、娱乐为一体，代表东方文化智慧结晶的太极拳。那么太极拳在新的世纪有怎样的发展呢？

第一，太极拳的作用将会被全人类所认识。随着时间的推移，太极拳已从过去单纯以技击为主的拳术，逐步发展走向融技击、健身、养性、娱乐为主要功能的运动项目。随着科学技术的发展，太极拳也将要接受新的实践，在新的世纪太极拳的健身、防身、修身、养性、娱乐等功能将进一步得到扩展加强，以适应和满足不同层次人的要求，为人类的健康事业服务。同时，太极拳的文化功能将在下世纪得到充分的挖掘和展示，太极文化将成为展示

东方传统文化的一个突出代表。太极拳中蕴含的丰富“哲理”，充分运用到社会管理、企业管理，以及人际关系等各个领域，将会出现以阴阳互变、刚柔相济、随曲就伸、以柔克刚等太极原理为主要内容的《太极管理学说》。太极文化现象，将是下世纪人们对太极拳重新认识的新视点。可以预言，21 世纪太极拳，将实现由传统的体育项目，向代表人类文明智慧和具有浓郁文化特征的高雅艺术的方向转变。

第二，太极拳 21 世纪将稳步推进，并在世纪末普及全球，成为人们生活中不可缺少的内容，同时形成巨大的太极拳产业市场。21 世纪，将是东西方文化相互交融、相互渗透的大融合时期，作为东方文化代表之一的太极拳，将在这场文化融合中扮演不可替代的重要角色。文化交融的最重要特征，就是太极拳传播范围的扩大和太极拳拥有人口数量的剧增。根据目前的发展趋势来看，经过努力，预计在 21 世纪中叶，将形成以中国为核心，以日本、韩国、东南亚、澳大利亚、美国、英国、法国、墨西哥、瑞典、芬兰等国家为中心，并向非洲、中美洲、南美洲、中东、中亚等国家地区渗透辐射的太极拳传播网络，届时太极拳人口将达 5 亿左右。由于太极拳独特的文化内涵和防身、健身的完美结合及广泛的适应性，再经过 50 年的努力，太极拳将在全球普及流行，并成功进入每一个家庭，成为人们生活的重要内容和良好生活习惯之一，并且成为名符其实、参与人数最多的“世界第一运动”。

由于太极拳在全球的普及，将形成巨大的太极拳市场，从而带动太极拳产业的形成。除大量的太极拳传播学校、中心、俱乐部出现外，与其相关的太极拳图书、音像、服装、器械、标识、食品保健品及服务旅游业都将形成产业化、专业化。同时，赢得国际著名企业集团的关注和投入。太极拳走向产业化、市场化是必然趋势，也只有太极拳产业化、市场化的形成，才能为太极拳国际化奠定雄厚物质基础。

第三，太极拳是21世纪中国献给世界人民的宝贵财富。有人说，中国古代四大发明，为人类的科技进步做出了卓越贡献；中国古老的针灸、太极拳、气功，是下个世纪中国献给世界的又一财富，将极大地促进人类健康事业的发展。21世纪，人类将进入高度发达的科技社会，人们的物质文化生活将达到一个全新的阶段，兴奋剂等阴影将危害竞技体育健康发展。随着科学技术、物质生活、竞技体育等发展到极致时，必将激起人们对回归自然、回归自我的追求和渴望。而太极拳正是一项以“天人合一”“道法自然”等宗旨，完全遵循人体生理及大自然运转规律的运动，太极拳全方位的功能及其丰富的文化内涵，满足了新世纪人们对健康、对自然运动的要求，也代表了下世纪由竞技体育，向回归自然运动的转变。我们认为，随着21世纪太极拳在全球的普及，太极拳将成为人类健康交流的语言和工具，成为人类维系感情的纽带。这一宝贵的财富，将为世界人民所共享。

三、太极拳走向21世纪需要解决的问题

1. 加强宣传，扩大影响，加快传播速度，是太极拳走向21世纪的当务之急。太极拳300余年历史和最近20多年的成功发展经验证明，任何事物离开了政府的重视，离开了媒体的宣传，将一事无成。世纪伟人邓小平同志“太极拳好”题词已经20年了，至今尚有很多太极拳人士还不知有此事，这不能不说是一个遗憾。首先，要利用今年是“太极拳好”题词20周年之际，加大宣传力度，组织纪念活动；让世纪伟人意味深长的话，妇孺皆知，把“太极拳好”好在哪里说清楚、讲明白，使人们对太极拳“由知到练，由练到爱，由爱生情”，将太极情结系在每个人的心中。其次，让太极拳进入邮政，2000年是太极拳创始人陈王廷诞辰400周年，要力争在2000年发行一套以反映太极拳衍变、发展为主题的纪念邮票、

邮册。同时，争取国外邮政部门也能发行有关纪念太极拳方面的邮品，扩大太极拳的影响，使太极拳在国际上“邮路畅通”。三是充分利用信息高速公路，加快太极拳传播速度，将太极拳博大精深的内容，全面系统地进行整理后，进入国际互联网，让太极拳通过电脑网络遍迹全球。四是继续加强图书、音像、光盘的编辑翻译、出版工作；并在近几年内，拍出一批高质量的反映太极拳的影视作品，掀起新的太极拳热。

2. 提高太极拳师资队伍素质，是太极拳走向21世纪的关键。随着21世纪太极拳普及和范围的不断加快扩大，将出现太极拳师资匮乏现象。如何造就一支高素质、高水平的太极拳师资队伍，来适应21世纪太极拳发展的需要，是太极拳走向21世纪的关键。这个问题必须引起太极拳界的高度重视，从现在开始，太极拳界要精诚团结，相互支持，注意选拔、培养一批有较高文化水平和思想境界，全面掌握太极拳技术，具有组织教学能力和社会经验的，能适应21世纪社会发展的高水平师资队伍，彻底改变过去人们对习武者的偏见，以高素质、高文化、高水平，造就太极拳传播者全新的社会形象。同时，要改革传授方式，筹建国际性的太极拳高等学府，将传统授徒模式与现代教学方法有机地结合起来，加快培养高素质太极拳人才速度，把一大批能适应国际太极拳发展需要的高素质人才推向国际舞台，为21世纪太极拳在全世界的稳步发展奠定坚实的人才基础。

3. 筹建太极拳国际组织，建立全球性的太极传播网络。现在已在50多个国家和地区，拥有了数以千计的太极拳组织。许多国家的太极拳组织都呼吁，要求以中国为核心，成立国际太极拳联盟组织，使之成为世界太极拳运动发展的最高决策机构。通过国际太极拳联盟，建立全球性太极拳传播网络，使太极拳更加全面完整，更加系统化、规范化、理论化、科学化；加强纵向指导与横向联合，用点面结合的方式，将太极拳传播网络遍及世界各国。要有组织地做好太极拳专家、教练的国际交流工作，在太极拳普及的基础上，逐步提高国际太极拳运动水平。

4. 加强太极文化研究，挖掘太极拳丰富文化内涵。要实现太极拳由传统体育运动，向高雅太极艺术的转变，就必须要加强对太极拳文化性的研究。太极拳是中华数千年传统文化的结晶，有着丰富的文化内涵。所以，要成立太极文化研究机构，通过对太极拳的练习，来领悟中华传统文化博大精深的内容。并加强与知识界的合作，吸引大量的知识分子参加太极拳的研究工作，把太极拳与哲学、医学、易经、导引吐纳、力学、数学、美学、兵法、音乐、管理、调和人际关系等诸多学科的关系阐述清楚，将太极拳这一东方神秘文化中蕴涵的“哲理”，用现代科学的语言来表述清楚，让更多的人了解它、认识它、热爱它，使太极文化成为新世纪人们重新认识太极拳的全新视点。

如果说，和平与发展是世界的两大主题，那么现代文明与传统文化高度结合，将是世界发展的一大趋势。我们相信，经过不懈努力，太极拳这一古老的传统文化，必将随着21世纪的脚步，走向世界，走向未来，为全人类的健康事业服务，成为21世纪具有高雅艺术特性、人类共同参与的“世界第一运动”。

如何练好太极拳

近几年来，本人常在国内外传播太极拳，“如何练好太极拳”是中外学生提及最多的问题。现简单归纳几点个人见解。

一、明确认识

练太极拳和做其他事一样，首先要明确认识。对太极拳有一个全方位的了解， 是练好太极拳的先决条件。很难想象，不清楚什么是太极拳的人能练好太极拳 。

太极拳是河南温县陈家沟陈氏九世祖陈王廷在家传拳术的基础上，糅入了其他拳术精华，结合了古代导引术和吐纳术，吸取了《易经》阴阳学说和中医经络学说的一种内外俱练的拳术。拳架的编排和设计既符合人体生理规律，又符合大自然运行规律。它的特点是连绵不断、快慢相间、刚柔相济、松活弹抖。太极拳具有技击、健身和娱乐等功能，它们是受到中外人士青睐的魅力所在。太极拳有一整套成熟的理论指导整个修炼过程。可以这样说，太极拳是一项十分浩大的工程体系，练好太极拳确实是一件很不容易的事情。根据前辈拳论和自己多年的实践体会，总结了三练三不练的练功法则，即练理不练力、练本不练标、练身不练招。

（一）练理不练力

“理”就是太极拳的道理、原理。太极拳练的是大道，即太极阴阳转换中阳极生阴、阴极生阳的原理。太极拳刚中寓柔，柔中寓刚，刚柔相济；虚极生实，实极生虚，虚实转换。通过精神集中、以意导气、以气运身、意到气到形随的练习，做到一动全动，周身相随，内外相合。练功时循规蹈距，顺其自然，不能急于求成。练力指的是练习气力，这种练习虽然将局部力量练得很大，但这种力量是拙力、僵力，缺少灵性，为太极拳家所不取。

（二）练本不练标

“本”是指本源、根本，即肾中元气和下盘功夫。肾藏元阴元阳，为先天根本、发气之源。肾气充足，则五脏得养，肝、心、脾、肺、肾各行其职，故能精力充沛、力量充足、反应灵敏、身体协调。内气充盈为本源之一。其二是指在周身放松的基础上，气纳丹田，沉入涌泉，达到上盘灵，中盘活，下盘稳固，落地生根。“标”是指以练习身体各个部位的力量和硬度为主要目的的局部练习 方法。太极拳是内功拳，内外兼修，以练内培元为主，“培根润源”，“培其根则枝叶自茂，润其源则流脉自长”。

（三）练身不练招

练身就是练整体功力，招则是每一动作的攻防含义。初练太极拳的人，往往最爱了解每招每势的用法。如果单从招势上去解释和理解太极拳用法及内涵，不可能得到太极拳之精髓。练太极拳必须经过熟练套路、动作正确、去僵求柔的过程，使周身相随，内外相合，内气充实饱满，把功夫练上身。太极拳主要是训练自身整体功力，在临敌应用时则根据客观形势，舍己从人，随机应变，并不拘泥于一招一势。内气充实了，全身犹如充满气的球体，有感皆应，挨着何处何处能击。如拳论所说：“到成时，敌人怎来怎应，不待思想，自然有法。”

二、树立五“心”

一曰敬心。培养良好的道德品质，敬业敬师。著名太极拳家陈鑫在《陈氏太极拳图说》中首先讲到敬心：“学太极拳不可不敬，不敬则外慢师友，内慢身体，心不敛束，如何能学艺。”

二曰信心。信心包括两方面含意，一是自信心，坚信自己一定能练好太极拳，自信心乃练拳动力之源泉。二是待人接物真诚信义，信仰太极拳，信任授业之师。如此方能安定身心，一心一意，不致朝秦暮楚，见异思迁。

三曰决心。练习太极拳须决心下定，方能立志。孟子说：“志，气之帅也。”决心下定，才能不为外物所动，坚定不移，不达目的誓不罢休。

四曰恒心。恒乃持久之意。树立恒心就是持之以恒练习太极拳，几年甚至几十年如一日地坚持不懈。三天打鱼两天晒网，浅尝辄止的行为，都不能称之为有恒心。陈氏十七世祖发科公日练拳三十遍，几十年如一日，功入化境，独步一时，足为持之以恒终于成功的明证。

五曰耐心。具备了以上四心，如果缺乏耐心，仍不可能练好太极拳。一是太极拳行功走架要求松静、柔和、缓慢，如果没有足够的认识和思想准备，就不可能耐下心来，心平气和地练拳，极易产生急躁情绪，结果适得其反。再者太极拳是一个长期的身心修炼过程，不能急于求成。要求不急躁，不厌烦，心平气和，循规蹈矩，在行功走架上怡养浩然之气，达到身心双修，自然水到渠成。

三、具备三要素

三要素即师资、天资和苦练。

师资为学好太极拳的首要因素。习文练武莫不如此，尤其是练习太极拳，老师的作用是先决条件，无师自通的例子至今尚未见到。如果仅以习拳为娱，玩玩而已，自不在此列。要想练好太极拳，必须有一位品德高尚、技术精湛、理论 精通、教学有方的明师，才能引导学生步入正确途径，少走弯路，起到事半功倍的效果。如果没有明师指导，一旦误入歧途，太极拳殿堂终难问津。

天资是练好太极拳的关键因素。尤其是企盼有所建树者，必须天资聪颖，接受能力强，思路清晰，反应敏捷，能举一反三。太极拳精奥之处不仅要靠老师指导，还必须亲身体验，用心琢磨。只有天资好、悟性高，加上其他条件，才有可能悟透拳理，达到较高境界。否则，虽有明师传道授业解惑，自己又肯下工夫苦练，可惜悟不透拳中精奥之处，也只能停留在二成功夫的水平上。比如上学，一样努力，成绩不同，乃天资有别也。

苦练是练好太极拳的决定因素。自己天资聪颖，又得明师指导，还必须有吃苦耐劳的精神才能成功。如拳论所说："理清路明而犹未能，再加终日乾乾之功，进而不止，日久自到。"其间既非一蹴而就，又无捷径可寻，只有苦练。于苦练中蓄积孕育内功，由量变逐渐产生质变。所谓悟性，只能在苦练的基础上厚积薄发，才能及时捕捉灵性，体味太极拳之真谛。如果自负聪明，不愿下工夫苦练，恐怕到老也悟不出拳中精奥之处，只能徘徊于太极拳殿堂门外。

以上所谈几点并非绝对的，也不是一成不变的，其间相互影响、相互促进。比如认识明确了，可促使和加快五心的树立；有的人天资可能稍差一点，但是肯下苦功夫，勤能补拙，在持之以恒的苦练中照样能悟出拳术真谛。本文如能对太极拳爱好者有所启迪，吾之心愿也。

陈式太极拳的练习步骤与方法

一、熟练套路　明确姿势

所谓“套路”是指太极拳的整套架式。所谓“姿势”是指每个架式的动作结构。初学时主要重于套路熟练，方位正确，同时适当注意姿势的规范。经过一段时间练习后，套路已熟练，这时就必须侧重于姿势的正确，这样才能产生内气，发挥健身及技击上的效果。现分两个方面，谈谈这一阶段的练习方法及注意事项。

1. 动寓静之内，静寓动之中。练陈式太极拳必须保持思想上的清静，排除一切内外干扰。只有这样才利于收敛内气，引动鼓荡。《拳论》说：“静养灵根气养神”。所谓养根的“根”，就是根本，也就是肾脏。中医学认为“肾为先天之根”，内藏元阴元阳，是人体生命活动的原动力。“静则养根”，也就是说，只有在意识清净的条件下，才能有助于肾气的旺盛与收藏，从而使五脏健运，内气充沛，神得所养，动作矫健。

2. 注意身法。初练太极拳，不应要求过高，操之过急，就和初学写字一样，能写成横平、竖直、点、钩等笔划，组合成方块就行。初学练拳，身法上只要求头部自然端正、立身中正、不偏不倚；步法上只要能做好弓步、虚步、开步和收步，知道方位即可，至于不可避免出现的毛病，像挑肩架肘、横气填胸、呼吸发喘、手足颤抖等现象，不宜深究。但运行方位、角度、顺序必须绝对正确，力争做到姿势柔软、大方顺随。

每天坚持练 10 遍左右，两个月即可将套路练熟。这时要进一步考虑动作要求，从头至足，一招一势进行纠正。在动作速度上尽量放慢，以利于揣摩思考动作的正确与否。每天坚持10遍拳，再练习一个时期，就可以通过这一阶段而进入第二阶段了。

二、调整身法　周身放松

所谓“身法”，是指练拳时对周身各部位要求的原则。要调整身法，首先必须在放松上下工夫。为了使骨节松开，伸筋拔骨，可选练些动作，如“金刚捣碓”“掩手肱拳”“摆脚跌叉”等，但要尽量放松，不要用拙力。

这一阶段练习出现的主要毛病是立身不正、横气填胸、挑肩架肘等。产生这些毛病的主要原因有两个：一是对“放松”这个含意理解不够；二是腿的支撑力不足，难以放松。《拳论》说：“身必以端正为本。以周身自然为妙。”也就是说套路架式的练习，身法上要以立身中正为根本。所说的“端正”，也有两种含意：一是指躯干四肢及头的位置中正，即身体不偏不倚之意；另一种是身体在歪斜情况下保持相对平衡，如开步时的上引下进动作。所谓“放松”就是说在腿的支撑下，全身各部自然协调地松下，气沉丹田。初学时由于对这些问题没有理解和注意，加上功力浅薄，所以不可避免地会发生上述毛病。可通过增加练拳遍数放低身法，加大运动量，并且做一些单腿或双腿下蹲运动及站桩功来克服上述毛病。同时注意松胯、屈膝、圆裆，保持立身中正。随着腿部力量的增长、身法的放松，可使胸部、背部、肋部及膈肌自然下沉，体内的气机升降协调，呼吸自然，肺活量增强，其毛病就会消除。

这一阶段练习，需有3~4个月时间。届时，身法已得到调整，姿势已基本正确，并且随着练习质量的提高，已有内气活动的感觉。

三、疏通经络　引动内气

经络遍布周身，内联脏腑，外系肌表，从而沟通人体上下表里，是调节机体和内气运行的通道。“气”是构成和维持人体生命活动的精微物质，是极其微小的物质微粒，很难直观察觉，只能通过人的感觉器官，根据事物的各种变化而体现它的存在。人体的气，来源有以下几个方面，一是禀赋于先天父母之精气，二是饮食物化生的水谷之精气，以及存在于人体内的精气，通过脾、肺、肾三脏的生理功能综合作用而生成。《拳论》说：“气者，生之本，经者，气之路，经不通则气不行。”又说：“以吾本身自有之元气，运行吾身。”“以气运形，一气贯通。”说明气是本身固有的本元物质，只有在经络畅通无阻的情况下，才能引动与鼓荡，达到一气贯通，从而产生防病健身和技击效果。

前面已经说过，在“调整身法，周身放松”阶段后期，体内已有内气流动的感觉，练拳也有兴趣。但是这个感觉如波浪起伏，时有时无，时隐时现，经过一段时间，甚至会全然无有。这是经络之气通流不畅、气机运行不利，内气引动不力之故。因此，在这一阶段练习中必须重于意念引导，在大脑意识的指挥下，以意运形，使内气节节贯穿，如有不顺之处，可以自行调整身法，以得劲为准。练习速度宜慢不宜快，一招一式要精力专注，活泼无滞，外形尽量与内气意识保持一致。这样进一步练习一段时间，内气就会自然畅通，僵劲拙力也会慢慢克服，逐渐达到周身相随，连绵不断，内气会按拳势要求产生有规律的鼓荡，达到一气贯通。

四、形气结合　如环无端

所谓“形”是指形体，也就是拳式动作的外在表现；“气”即指内气。从医学角度讲，“形”“气”是统一的，是相互依附、相互为用的。《拳论》说：“以心行气，务令沉着，及能收敛入骨。”又说:“以气运身，务令顺随。”就是要求每招每势都要注意以意引气，以气运身，顺其自然，催动外形。通过形气结合的反复练习，使内气周而复始、如环无端地在体内运行。要努力做到周身一致，内外合一，外形在内气的催动下，一动则周身全动，一静则周身全静，动静开合，起落旋转，无不顺其自然。在练习过程中，身与手、内与外某一部位不够协调，某一部位即产生矛盾，就会影响内气的贯通，从而使意气与形体难以结合。如动作运行速度的快慢，以及身法位置角度掌握不够，难以适得其中，在套路架式的练习中，就会产生身慢、手快、眼不随等散乱现象，不能身手一家，动作协调。谚云：“手到身不到，击敌不得妙；手到身也到，击敌如摧草”。说明形气结合、身肢顺随的重要性。这一阶段的练习，要注重于意念与形体姿势的结合，也就是心到、意到、气到、形到，使内气一气贯通。同时应当理解，某一部的开合，是全身整体开合的局部表现，全身总的毛病，也可以从局部反映出来。因此，凡是调整局部姿势时，务必注意整体的调整，从而达到意气合一。这一阶段的具体表现为：肌肤发胀，手指发麻，足跟发重，丹田有发沉之感。

五、周身相随　内外一致

“周身相随，内外一致”的意思，是指全身形成一个完整的运动体系。陈长兴在《十大要论》中云：“太极拳者，千变万化，无往非劲，势虽不侔，而劲归于一。夫所谓一者，自顶至足，内有脏腑筋骨，外有肌肤皮肉，四肢百骸，相联而为一者也，破之而不开，撞之而不散。上欲动而下自随之，下欲动而上自领之，上下动而中部应之，中部动而上下和之，内外相连，前后相需，所谓一以

贯之 者，其斯之谓欤！”此段论述，具体阐明了周身相随、内外一致，以及一气贯通的整体表现。

在周身内外相随一致这一阶段，内气虽已贯通，但很薄弱。在练拳时，稍不注意或运动不当（如疲劳过度或精神欠佳），都会影响内气的贯通和运行。在前一阶段，如身、手、内、外产生了矛盾，可以用调整身法的办法去解决，使姿势 顺随，内气贯通。而在这一阶段，就不许用调整身法的办法去解决。这一阶段，要求周身相随，以内气催外形。气不到，外形寂然不动；气一到，外形随气而动。以心行气，以气运身。每招每势，气由丹田发起，内走五脏百骸，外行肌肤毫毛，运行周身而复归丹田，缠绕往来，圆转自如。动作以缠丝劲为核心，以内气为统驭，形成一个完整的运动体系。“缠丝劲”发源于肾，起于丹田，遍布全身，处处有之，无时不然，衍溢于四体之内，浸润于百骸之间，达四梢通九窍，增长内气无穷，使内劲收敛入骨。伸筋壮骨，气血流通，消化饮食，祛病延年，皆缠丝内劲之功效。“缠丝劲”为陈式太极拳之精华。

此段时间，每天除坚持练架式套路以外，可以结合练习推手，从而体会粘连黏随、挤按的劲别，校正拳势运动的正确与否。每天还可以增加练习几遍炮捶，用来增强耐力和爆发力；练习刀枪剑棍等器械，以检验手眼身法步的配合。从而使在练拳时能够做到不假思索、不犯疑意、不期而然、内外一致、周身相随的程度，完全掌握太极拳的要求和运动规律。

通过这一阶段练习，已经有了自我纠正的能力，可以脱离老师的指导，不走弯路。继续深入研究，就可逐步进入奥妙境界。陈鑫说：“理不明，延明师；路不清，访良友；理明路清，而犹未能，再加终日乾乾之功，进而不止，日久自到。”

六、稳固根基 充实内气

所谓“稳固根基，充实内气”，意思是指在上一阶段的基础上，更进一步地扎稳下盘，以促使内气的充实和饱满。《拳论》云："根本固而枝叶荣。"培其根则枝叶自茂，润其源则流脉自长。练习拳架，就是培根润源的方法。这里所指的"根"，具有根基之意，也就是下盘。《拳论》云："下盘稳固，上肢自然轻灵。"所说的"下盘"，就是指人体下半部分的"腿"而言，靠腿的撑力，以两足为基础，裆劲圆活自然、沉稳。另一说"根本"指元气。元气藏于肾，肾气足则精力充沛，即为"根本固"。所谓"润其源"，源指根源，即本源。元气为诸气之本，根源于肾，通于丹田，禀赋于先天，又称先天之本，五脏六腑之根。肾藏元阴、元阳，元阴以养五脏之阴，元阳以养五脏之阳，周身之阳得以温、阴得以养，故生机旺盛，则又反过来益助肾气，充盈丹田。这样相互资益，周而复始，从而使根本固，源流润。

经过以上几个阶段，练拳时周身已形成一个完整的运动体系。但在配合呼吸上不能恰当自然和细腻。在第一至第四阶段，由于动作姿势的僵硬不协调，及内气外形不结合，要求动作配合呼吸是做不到的。到了第五阶段，虽然周身相随，内外结合一致，但在动作加速、疾变，或者快慢相间时，动作与呼吸就难以配合。在这一阶段的练习时，随着练拳质量的提高，动作与呼吸必须严密配合。

要特别指出，此阶段的腹式呼吸形式与医学上的腹式呼吸恰恰相反，就是要做逆式呼吸。在正常的生理条件下，人们的呼吸方式和过程，是由肺、胸膜、肋间内外肌、膈肌等来参与完成的。主要表现以胸式呼吸为主，同时在腹肌配合下完成。在胸腔脏器病变时，由于胸式呼吸受到限制，则代偿性地使腹式呼吸加大加强。这种腹式呼吸的运动表现为：吸气时膈肌收缩，腹腔脏器下移，腹内压升高，腹部向外突出；呼气时膈肌舒缓，腹腔脏器上移回位，腹壁收敛。

太极拳中的"腹式逆呼吸"与上述情况恰好相反。其表现为吸气时小腹内收，膈肌上升，丹田之气由小腹上升，胃部自然隆起，胸廓自然扩张，肺活量加大；呼气时小腹外突，膈肌下降，内气下沉至丹田，胃部与胸廓自然平复。由于腰肾旋转，气沉丹田与丹田内转结合一致。发劲时呼吸的配合，是用短促的一吸一呼来完成的。

在呼吸配合一致以后，除了正常的套路练习外，还要加练些辅助功。如练站桩，采用大马步、弓步、丁步都行，练拳前后坚持20分钟，练习稳固桩步，呼吸行气，发展力量和耐力；练抖杆子，用后尾直径6~8厘米，长3米的白蜡木杆，每天用拦、拿、扎的方法抖100下。另外还要把拳式内的单势发劲分别抽出练习，以增加在根基稳固、内气充实情况下的蓄发力。

七、触觉灵敏　知己知彼

这一阶段，主要是练习全身空灵、身体皮肤感受的灵敏性，也就是接受信息传递采取行动的应激反射。练习太极拳的人随着功夫的加深，这个应激反射过程也随之加强，直至接受信息传递如闪电，应激反射如雷霆。人体的反射活动基础称反射弧，包括五个基本部分，即感受器、传入神经、神经中枢、传出神经和效应器。简单地说，反射过程的进行，是由一定的刺激被一定的感受器接受，感受器发生兴奋，兴奋由神经冲动的方式经过传入神经，传向神经中枢，通过神经中枢的分析综合活动产生兴奋，兴奋又经过特定的传出神经到达效应器。这一阶段主要是练习加强加快这个反射过程。练好这种功夫，必须以充实的内气做中流砥柱，使内气充盈丹田，贯注全身，内至脏腑经络，外至肌肤毫发，周身各部如电充身，触觉极其灵敏。格斗时才能做到“动急则急应，动缓则缓随”“彼微动，己先动，后发先至”。这一阶段，仍应按前段练习套路和辅助功，还应经常练习推手竞技，在实践中，锻炼听劲、灵劲，周身上下结合劲。在练拳时，功应内收，气行于外的表现和缠丝劲的外形动作也应内收与缩小，也就是由大圈到中圈的练习方法。拳架练习，应缓慢柔和，平稳舒展。陈复元说："学时宜慢，慢不可痴呆，习而后快，快不可错乱；快后复缓，是为柔，柔久刚自在其中，是为刚柔相济。"

这段练习，就是"快后复缓"阶段。积功日久，就可做到静如山岳，急如闪电，就像射箭一样，慢拉弓弦开满月，力聚弓背，松弓弦，矢疾出，威力大，其快无比。

这一阶段后期，可以做到：眼神如捕鼠之猫，动作如翱翔之鹰，身形轻灵矫健，意识反应及皮肤触觉十分灵敏，运动出于无心，鼓舞生于不觉。

八、得机得势　舍己从人

"得机"就是利用最恰当的时机。"得势"就是得到己顺人背的形势。"舍己从人"意思是舍掉自己，以顺从别人，随顺化解，不顶不抗。对方控制住我的手（梢节），我以肘肩来化解；控制住肘肩，我以胸腰来化解；控制住胸腰，我以裆劲与手臂来化解。陈鑫在"单鞭"一势中写道："击首尾动精神贯，击尾首动脉络通，中间一击首尾动，上下四旁扣如弓……"形象地说明要周身相随，蓄发相变，舍己从人，顺随化解。所谓"借力打人"或"四两拨千斤"，就是利用杠杆、滑轮、离心力、向心力、摩擦力等力学原理，使对方之力又加于对方之身，以我之小力击倒对方。

这一阶段，是由中圈到小圈时期。《拳论》云："要想拳练好，除非圈练小。"

在这一阶段练习时，外形要求轻松自然，舒展大方。内劲如行云流水，连绵不断。应用时劲由内换，一般人难以看出。这些内劲在体内的表现，像是一股热流发于丹田，随着意识的引导，由根到梢，由内到外，绵绵不断地遍布全身。每时每刻都有肌肤发胀，手指发麻、脚跟发重、头顶发悬、丹田发沉，膀胱发热的感觉。对敌时得机得势，舍己从人，以得人为准，以不见形为妙。

九、身如火药　一动即发

“身如火药，一动即发”是内气充实饱满阶段技击的形式表现。此段是太极拳的基本成功阶段，功夫已基本达到刚柔相济，周身肌肤充满了内气，已具有强大反弹力。只要对方之力一加我身，犹如火药见火，轰然而发。达到了这层功夫，周身内外已成为混圆一体，犹如太极景象。在这个充盈的太极圈内，有纯厚的真气为根基，有旺盛的机能之气为动力，有十二经络联系内外，在意气鼓荡的作用下，使一切外业之力无法加于自身。不但不能使这个混圆的太极整体遭到丝毫破坏，反而由于太极内气的无穷威力，产生强大的反弹作用，使进击者得到相反的效果。这好像去击打充满气的皮球一样，用力越大，它跳得越高。另一种是太极混圆一体的球形圆滑作用，遇有外力接触其身，就会像旋转着的圆球将它引化落空。如陈发科在北京教拳时，弟子们纷纷传说，陈老师背部有弩弓（所说的弩弓即是反弹力）。有一天，发科公便对几个好奇的弟子爽快地说：“来，你们一摸便知。”说着面壁而立，让两个身强力大的徒弟，分别按住背部，只听“哈”的一声，将二人发出 2 米多远。发科公则屹然而立，脚步丝毫未动。接着又叫徒弟们往他身上撞，不但丝毫不能撞动他，反而被他在两脚未动的情况下，将徒弟们发了 3 米多远。这说明太极内气充盛了，就可以“遭到何处何处击，我也不知玄又玄”。

在这一阶段练习时，除了保持适当的运动量外，主要以培养本元为主，陈鑫说：“心为一身之主，肾为性命之源，必清心寡欲，培其根本之地，无使伤损。根本固而枝叶荣，万事可作，斯为至要。”所谓“清心寡欲”“培其根本”“无使损伤”等，都说明在此阶段，更应注意心静、神安、精固。只可培其不足，不可伐其有余。《素问·上古天真论》说：“恬澹虚无，真气从之；精神内敛，病安从来。以志闲而少欲，心安而不惧……”

十、变化无方　神鬼莫测

“变化无方，神鬼莫测”，是形容拳术已达到炉火纯青、登峰造极的境界。运动变化及技击表现难以看出，难以意测，玄奥渊博皆在其中。人不知我，我独知人。练拳到此阶段，功夫已经成熟，出神入化，奥妙无穷，举手投足，皆能阴阳平衡，八面支撑；内气已达皮肤之外，毫毛之间，外力虽未接触皮肢，动触毫毛即有感觉，随即化劲发出，威力无穷。陈鑫有诗赞云：“神穆穆，貌皇皇，气象混沦，虚灵具一心，万象藏五蕴，寂然不动若愚人，谁知道阴阳结合在此身，任凭他四面八方人难近，纵有那勇过人，突然来侵，倾者倾，跌者跌，莫测其神，且更有，去难去，进难进，如站在圆石头上立不稳，实在险峻，后悔难免陨。岂有别法门。只要功夫纯。全凭一开一合，一笔横扫千人军。”

陈式太极拳六大特性

一、外似处女，内似金刚

中华武术，门派繁多，仅拳术就有几百种。各门派都有其独到之处，归纳起来，不外乎是内外两家。外家拳多以拳打脚踢为主，窜蹦跳跃，腾挪闪战，攻防含意较为明显，让人一看便知是武术。陈式太极拳则别具特色：以意导气，以气运身；内气不动，外形寂然不动，内气一动，外形随气而动；以内气催动外形，上下相随，连绵不断，以腰为轴，节节贯串，不丢不顶，圆转自如，轻轻运转，默默停止。其攻防含意大都隐于内而不显于外，往往使人误认为此拳像摸鱼一样，不是武术。特别是老架一路，以柔为主，要求周身放松，不用僵力，主要是锻炼下盘功夫，使足下生根，转髋灵活，疏通气血，练就充足的内气，意到气到，气到劲到，立身中正，八面支撑，使身体内外各部建起巩固的防线，形成一身备五弓的蓄发之势。这样，不遇敌则已，若遇劲敌，则内劲猝发，如迅雷烈风，故外似处女，内似金刚，此为陈式太极拳的一大特点。

二、 螺旋缠绕的运气方法

大家见过头顶碎砖、脖缠钢筋等，这是硬气功的运气方法。内气运到头顶上，头能将砖碰碎；运到脖颈上，能将钢筋缠绕起来。陈式太极拳结合力学和经络学的理论，采用螺旋缠绕的运气方法，以小力胜大力，以弱力胜强力。好像用一个小小的千斤顶，就能将载重几吨货物的汽车顶起来一样。所谓太极拳蓄发相变、引劲落空、借力打人、以四两拨千斤，皆是螺旋劲所起的作用。故《拳论》讲："虚笼诈诱，只为一转。"从经络学上来讲，经络是指布满人体的气血通路，源于脏腑，流于肢体。脏腑经络气血失和，则神机反常而生疾病；和则气血流畅而强身延年。太极拳结合经络说，以拳术与导引吐纳为表里，拳势动作采用螺旋缠丝式的伸缩旋转，要求"以意导气，以气运身""气宜鼓荡、气遍身躯"，内气发源于丹田，以腰为轴，节节贯串，微微旋转，使腰隙（两肾）左右抽换，通过旋腰转脊，缠绕运动，布于全身；通任、督两脉，上行为旋腕转膀，下行为旋踝转膝，达于四梢，复归丹田，动作呈弧形，圆活连贯，一招一势，承上启下，一气呵成，导致气血循环。此为运劲（即运气），它区别于用劲，这种系统的运气方法是符合经络学说的道理，也是其他拳法和体育运动所少有的。

三、把武术与导引吐纳相结合

导引和吐纳是我国源远流长的养生术，早在公元前几百年的《老子》《孟子》等著作中已有记载。汉初淮南子刘安就编成《六禽戏》，汉末著名医学家华佗又改为《五禽戏》，他模仿禽兽的动、摇、屈伸、仰俯、顾盼、跳跃等动作，并结合呼吸运动，用于治病保健锻炼，是后来气功和内行功的先导，也是道家养生学的基础。陈式太极拳把导引、吐纳术和手、眼、身法、步法的协调动作有机地结合起来，成为内外兼修的内功拳运动，这不仅对强身健体能起到良好的作用，而且对提高拳术的搏击技巧也是一个创造性的发展。

四、陈式太极拳的刚柔相济

刚和柔，两者是相互对立的，然而陈式太极拳却把刚劲与柔劲糅和在整个套路中，一招一势刚中寓柔，柔中寓刚，达到刚柔相济。《拳谱》规定："运动之功夫，先化劲为柔，然后练柔成刚，及其至也，亦柔亦刚。刚柔得中，方见阴阳。故此拳不可以刚名，亦不可以柔名，直以太极之名名之。"为什么太极拳的劲力要以刚柔相济为准呢？因有刚而无柔的劲缺乏韧性，易折易损，没有技击格斗的实用价值，只有柔而无刚的劲因失去火爆发力也无济实用。故《拳论》指出："然刚柔既分，而发用有别，四肢发劲，气形诸外，而内持静重，刚势也；气屯于内而外现轻柔，柔势也。用刚不可无柔，无柔则环绕不速；用柔不可无刚，无刚则催迫不捷。刚柔相济，则粘、游、连、随、腾、闪、折、空、崩、捋、挤、按无不得其自然矣。刚柔不可偏用，用武岂可忽耶！"刚和柔的变换，从神与气上来讲，是通过隐与显表现出来的，隐则为柔，显则为刚。从姿势上讲，是通过开与合表现出来的，合则为柔，开则为刚（即蓄则为柔，发则为刚）。在运劲过程中表现为柔，在运动到落点时表现为刚。因有神气的隐显与姿势的开合，刚柔就能够充分的表现出来，落点是运动到达尽头之点，是神显与气聚之处，所以表现为刚。除此之外，运气转换过程则宜用柔法。陈式太极拳的每个动作都是有开有合，每个开合动作都有运劲、有落点，落点要用刚劲，其他都用柔劲，以做到刚柔相济。这是做到刚柔相济必须掌握的原则，也是练习避实击虚、蓄而后发、引进落空、松活弹抖的基础。

五、意识、呼吸、动作三者密切结合

陈式太极拳是内外兼修的内家拳术，内家拳的动作都是在意识的引导下进行的。意：即心意、意识。陈鑫《拳论》说："打拳心为主。""妙机本是从心发。""运用在心，此是真诀。""以心为主，而五官百骸无不听命。""问：运行之主宰？曰：主宰于心，心欲左右更迭运行，则左右手足即更迭运行；心欲用缠丝劲顺转圈，则左右手即用缠丝劲顺转圈；心欲沉肘松肩，肘即沉、肩即松；心欲胸腹前合，腰劲塌下，裆口开圆，而胸向前合，腰劲刹下，裆口开圆，无不如意；心欲屈两膝，两膝即屈，右足随右手运行，左足随左手运行，两膝与左右足皆随之，不然多生疵累，此官骸不得不从乎心也。吾故曰：心为一身运行之主宰。”以上所言，即是心意与动作的关系。《拳论》又云：“打拳以调养气血，呼吸顺其自然……调息绵绵，操固内守，注意玄关……轻轻运行，默默停止，唯以意思运行。”由此可知意识、呼吸和动作三者的密切关系。在走架子时，一举一动都是在意的指挥下，将手、眼、身法、步法的协调运作和呼吸有机地结合起来，开呼蓄吸，顺其自然，心意不可使气，轻轻运转，成为内外统一的内功拳运动。

六、实战性的竞技运动——双人推手和双人粘枪

武术自古以来就有踢、打、摔、拿、跌五种分部练习法，而摔法只讲摔，不讲打，几千年来就一直独立发展，其他四种虽也综合锻炼，但仍各具特色。古代有“南拳北腿” “长拳短打”之称，也就说明这种分歧。与戚继光同时代的名手，如山东的“李半天”之腿，“鹰爪王”之拿，“千跌张”之跌，“张敬伯”之打等，也都各具一技之长。同时，由于踢、打、拿、跌四法在实践中有较大的伤害性，因此，历来大都只作假想性或象征性的练习，这就为花假手法开了方便之门。而前人所苦心积累的点滴经验，也因实践不足，很难提高技击水平。这就是我国古代一些著名拳种在数传之后“失其真意”或竞技无一人传习的原因之一。

陈王廷以粘、连、黏、随、崩、捋、挤、按为中心内容，在螺旋缠绕的基础上，创造了陈式太极拳双人推手法，练习大脑反应和皮肤触觉的灵敏性，综合了踢、打、摔、拿、跌等竞技技巧，并且还有所发展。譬如拿法，它不限于拿人的关节，而是着重拿人的劲

路，这就高于一般拿法的技巧。陈式太极拳这种推手方法，技击性较强，因此对发展体力、耐力、速度、灵敏和技巧都是行之有效的。这种推手方法代替了假想性和象征性的花假手法，解决了实习时的场地、护具和特制服装等问题，成为随时随地两人可以搭手练习的竞技运动。双人粘枪法也同于此。

陈式太极拳的健身与技击作用

“户枢不蠹”这句古代的名言，远在《吕氏春秋》就有记载，它在我国人民中广为流传，说明我国人民很早就懂得了“运动”有增强体质、防治疾病的作用。我国古代的史学家陈寿在《三国志·魏书·华佗传》中，记载了华佗所创的《五禽戏》，就是摹仿虎、鹿、熊、猿、鸟的动作用来活动关节，以防病延年。

我国古代道家的“静坐”“导引”之术，均为养生疗病之道。《素问·异法方宜论》说：“其民食杂而不劳，故其病多痿厥寒热，其治宜导引按跻。”《素问·上古天真论》又说：“恬澹虚无，真气从之，精神内守，病安从来。”这都充分说明“运动”和“清静”各从不同的角度养生，达到强身疗病的生理效应。

自古迄今，养生疗病之术，种类颇多，各有特色，而太极拳则是总结了前人各种养生之术的精华，结合阴阳之理，把运动融于清静之中，把静融于运动之内。这种动与静的巧妙结合，产生了内气催外形、思维与动作、快与慢、开与放、分与合等动作意气的相互协调，从而在思想上得以安逸，从形体器官上得以锻炼，元气得生，宗气得充，精气得保，身体强壮。

一、太极拳的健身作用

1. 改善神经系统的抑制过程，消除病灶反馈性影响。

神经系统的作用，是调节全身各器官功能活动、保持人体内部的完整统一，以适应外部环境变化的需要。太极拳中清静用意，

“意守丹田”，乃为静功养身之术。这种静功，可以增加自我意念的控制能力，从而产生阻止病因病灶反馈信号机制的传递，起到纠正修复病灶反馈的恶性循环，抑制病情发展，提高健康水平。心静勿虑，意守丹田，是鼓动内气的基础，是产生毅力的条件。毅力是练拳的保证，锻炼持之以恒，就可以从内气到外形协调一致，使气沉于丹田，贯于尾闾，环流周身，从而使脏腑得充，周身得养，精力充沛，有利于病变和精神创伤的修复，有利于病体的恢复和精神的保养，能促进大脑神经细胞的功能完善，使兴奋与抑制过程协调，对精神创伤、神经类疾病如神经衰弱等，有良好的防治作用。

2. 增强心脏功能，改善微循环系统，扩大肺活量，提高气体交换能力。

血液担负着营养周身各组织器官的作用，心脏则是血液运行的动力，毛细血管是微循环物质交换的场所。一个久练拳的人，每分钟心率在 60 次左右，这种由于久经锻炼而得来的心率减慢，延缓一下心脏舒张期，使心肌得以充分休整，促使心肌收缩力加强，输出量增加，提高了心脏的工作能力。

持久锻炼，内气得以流通，周身放松，使微循环功能加强，有利于毛细血管内外的物质交换，促进组织对氧的利用率，减少肌酸的蓄积，减缓疲劳，益于疾病的恢复，特别是对慢性冠心病、高血脂症、动脉硬化症都有较好的防治作用。

肺是气体交换的场所，呼吸下纳于肾是气体交换的重要条件。肾纳气，则气沉丹田，肾不纳气，则上浮胸中而喘。太极拳锻炼的呼吸方式要求深、长、匀、柔，它可以增加膈肌及腹部肌肉的活动度和调节肋间肌的呼吸功能，使肺与胸廓之间的牵张力加大，增加肺活量，提高肺泡与毛细血管壁的接触面积，使氧及二氧化碳弥散能力增强。经过长期锻炼，可使呼吸频率减少，增强呼吸效果，具体的表现是在练拳时“汗流浃背而气不发喘”。它对防治慢性肺气肿有一定的作用，对防治各种慢性肺部病变均很适宜。

3. 强健肌肉，改善骨的理化特性，畅通经络，有利于营卫气血的通行。

太极拳的运动方式是，一动无有不动。从内气的畅通到外形的变化，从五脏六腑到四肢百骸，都寓“动”中。顺逆缠丝的螺旋运动及上下相随，内外结合快慢相间，节节贯串运动都融为一体。从脏腑组织到肌体组织、关节韧带、腱鞘肌群，都得到活动和锻炼，久而久之，肌肉丰满发达，骨骼强健有力，使骨的理化特性得以改善，提高骨的抗折、抗压、抗弯、抗脱臼能力，对老年人关节病（关节僵硬，行走坐起不便，足膝萎软，屈伸无力、骨质增生）有良好的预防作用。

经络是气血运行的通道，人体健康与否，与经气畅通与否密切相关。练太极拳的人，练到一定程度，就有小腹发热，四肢末梢发胀、发麻之感，中医针灸学认为这种现象是“得气”的表现，也就是调动内气，打通经络，经气运行的表现。

太极拳运动，“主宰于腰”“虚领顶劲”“气沉丹田”。腰为肾之腑，又为带脉所绕之处。腰脊运动带动身形，行于手指，行于四梢，复归丹田。丹田乃小腹部位，任督冲脉乃一源三岐，出会阴，复灌诸经。长期锻炼；可使肾气旺盛，带脉充盈，阴阳调和，神清目明。

“尾闾中正”乃太极之要领，这是稳定自己重心，加强发劲的根本。太极拳中的“虚领顶劲”与“尾闾中正”上下相应，“百会穴”与“长强穴”相互灌注，有利于督脉经气的畅通。百会、长强乃督脉之要穴，气通此穴后，便能升提中气，增强韧带及扩约肌功能，故对脱肛、痔疮、子宫下垂均有良好的治疗和预防作用。

综上所述，“尾闾中正”“虚领顶劲”有利于任脉、督脉经气的运行。任为阴脉之海，总任一身之阴经（手足三阴经脉），督为阳脉之海，总督一身之阳经（手足三阳经脉），内联奇经诸脉，使之畅通，加之“气沉丹田，螺旋缠绕”，从内到外，从躯体到四肢末梢，得以特殊的运动，“动则谷气得消，血脉流通，病不得生”（《华佗传》）。当然，要使其起到防病健身作用，并非一朝一夕之功，在动作正确的基础上，持之以恒地刻苦锻炼，不管男女老幼，都可收到防病健身、延年益寿的效果。

二、太极拳的技击作用

陈式太极拳不仅健身有法，而且技击奥妙。中华武术，门派繁多，攻防技巧，各有所长，拳打脚踢，谓之一般。然而，陈式太极拳却独树一帜，流传三百余年，仍保持本来特色。它以掤、捋、挤、按、采、挒、肘、靠为中心内容，在粘、连、黏、随的基础上将抓、拿、摔、滑、打、跌熔为一炉，内外兼练，成为武坛上最优秀的拳种之一。

练习陈式太极拳三年一小成，九年一大成，练到上乘功夫，可达周身一家，以静制动，以逸代劳，以不变而应万变，亦可得机得势，舍己从人，随机应变，灵活运用，引进落空，借力打人。《推手歌》云：“掤捋挤按须认真，周身相随人难侵，任人巨力来打我，牵动四两拨千斤。”

推手，不仅可以检验姿势是否正确，也是锻炼技击技巧的好方法。有人说：“推手有何技巧，力大者即可取胜。”《拳论》中说：“斯技旁门甚多，虽有区别，概不外乎壮欺弱、慢让快耳。有力打无力，手慢让手快，是皆先天自然之能，非关学力而有为也。察四两拨千斤之句，显非力胜，观耄耋能御众之形，快何能为？”可见，太极拳推手不是比力而是比技巧。“壮欺弱、慢让快”那是自然的本能，不是技巧的功能。所谓技巧，则是顺应自然以克制自然，达“弱胜壮、慢胜快”。自然界中的杠杆支点和螺旋转化的原理，就具有“四两拨千斤”的功能。推手利用这种原理，即可揉化一切重力，此为化劲，有此化劲功夫，就可以轻制重。同时，太极拳的运动是运用了离心力，并以腰脊作中轴，使一切动作皆走内圈。走内圈速度虽较慢，但仍可胜过走外圈的快，这是“后人发，先人至”的缘由，也是“慢胜快”的关键所在。

《拳论》是太极拳理论方面的经典著作，对推手也是一种很好的指导，细心研究其内容并用它来指导练习推手，则可得到事半功倍的效果。那么，怎样来指导推手实践呢？应遵守以下四项基本准则：

1.《拳论》中说：“太极者无极而生，动静之机，阴阳之母也；动之则分，静之则合。”古时所称“太极”，是对立统一的象征，是一切动静的枢机：由太极生阴阳，如顺逆、柔刚、轻沉、虚实、合开等皆属于此。运动时充分利用了离心力和向心力，因此动之则分，静之则合；分为阳、合为阴。陈鑫说：“太极两仪，天地阴阳，合辟动静，柔之为刚。”就是指这种规律。这种矛盾存在于推手的整个过程中，并贯串于每一个动作过程的始终。因此，推手的第一个基本原则，就是要它符合事物运动的矛盾法则，即“阴阳开合”。

2. 推手时双方搭手对练的过程，也是不断产生矛盾和解决矛盾的过程。《拳论》中所说：“无过不及、随屈就伸。”就是必须符合下列四点：

(1) 必须“无过”，无过称为“粘劲”，过则称为“顶病”；

(2) 必须“能及”，能及称为“黏劲”，过则称为“匾病”；

(3) 必须“随曲”，随曲称为“连劲”，不随而曲称为“丢病”；

(4) 必须“就伸”，就伸称为“随劲”，伸得太早称为“抗病”。

推手的一切过程都要求具有“粘、黏、连、随”四功，不发生“顶匾丢抗”四病。陈鑫说：“粘黏连随、会神聚精，运我虚灵、弥加整重。”所以第二个基本原则是“粘黏连随”。

3.《拳论》中说：“人刚我柔谓之走，我顺人背谓之粘；动急则急应，动缓则缓随；虽变化万端，而理为一贯。”这是为了做到四功，避免四病的措施。这就是说，人刚则我柔，用“走”以引之，这是被动局面下的“卷合”运用。同时，为了问劲，运用顺遂的势和劲，迫使对方成为“背”，转化为我刚人柔，用粘以逼之。粘走时，对方动急则急应之，动缓则缓随之，这样就可有四功而无四病。陈鑫说:“前后左右，上下四旁，转接灵敏，缓急相将。”所以第三个基本原则是“急缓粘走”。

4.《拳论》中说:“由着熟而渐悟懂劲，由懂劲而阶及神明，然非用功之久，不能豁然贯通焉。”在推手时熟练地掌握了前面三个基本原则后，就可领悟人劲，探测对方的劲力与方向，所谓懂得人劲。到此时，可信手而应，达到自动“神明”境界。这是多年反复揣摩、实践和理论研究最后得到豁然贯通的结果。所以第四个基本原则是“知行合一”。

《拳论》中说:“虚领顶劲，气沉丹田；不偏不倚，忽隐忽显；左重则左虚，右重则右杳，仰之则弥高，俯之则弥深，进之则愈长，退之则愈促；一羽不能加，蝇虫不能落；人不知我，我独知人；英雄所向无敌，盖皆由此而及也。”因此，为了运用四项基本准则，就必须按照上列拳论做好以下六点:

(1) 顶劲要虚虚领起，则精神自然提起，同时气沉丹田，周身放松。由于身体上领下沉，即使身躯放长而产生弹性成为掤劲。陈鑫说:“沿路缠绵，静远无慌，肌肤骨节，处处开张。”若是周身僵力，就会失去掤劲，也就不能通过粘、黏、连、随去求懂劲。

(2) 立身须中正安舒，具有支撑八面之势，使推手时身躯不致偏于一边或依赖于对方身手之上，以免己劲为人所识，若偏一边，就不易顺遂地运用粘走功大。

(3) 在神气内隐则柔、外显则刚的前提下，推手时要具有忽隐忽显的刚柔变换作用，这正是求懂劲过程中不断问劲的表现。

(4) 推手时要求做到两手有虚实，两足有虚实，一手一足上下亦要分虚实，形成处处分阴阳，处处有虚实。陈鑫说：“虚实兼到，忽见忽藏；实中有虚，人己相参；虚中有实，熟测机关。”待虚实的转换熟练后，只要注意一只手，为一只手和两足由于上下相随，自然也就能随着灵活转换。所以陈鑫又说:“千古一日，至理循环，上下相随，不可空谈。”这是问劲、化劲和达到懂劲的基础。

(5) 对方仰来则高以引之，使有高不可攀之感而失去重心；对方俯来则愈向下引，便有如临深渊、摇摇欲坠之感；对方近迫则愈引愈虚，便有长不可及之感；对方退走则粘逼，使有迫促之感。这是符合粘、黏、连、随的化劲与发劲要求的，这样就可避免发生“顶、匾、丢、抗”四病，使推手技巧迅速提高。

(6) 推手时精神须提起，这样周身才能轻灵贯串，并要轻灵得具有“一羽不能加”的敏感，同时螺旋缠丝也须不断变动，要旋转得形成“蝇虫不能落”之气势。若动作表现出迟重不灵，则不易懂劲，若运动没有缠丝，则失去化劲，也失去半化半进、明化暗进、即化即进的缠丝劲技巧。没有化劲就变成比力，就不成其为太极拳推手了。能化而不能发，能柔而不动刚，刚柔不能相济，都非太极两仪之全。

具有上列六项功能，就能贯彻推手的四项基本准则，达到懂得人劲而不为人懂的功夫，再加上坚持不懈苦练之功，便可使推手技巧达到炉火纯青的高级境界。

浅谈陈式太极拳的缠丝劲

拳谱云："缠丝劲发源于肾，处处皆有，无时不然，衍溢于四体之内，浸润于百骸之中，达四梢，通九窍，增长内劲无穷，使内劲收敛入骨，伸筋壮骨，气血流通，消化饮食，却病延年，皆缠丝劲之效力也。"

综观上述，可以看出缠丝劲在陈式太极拳练习过程与实践中的重要性。本人在先祖拳论的指导下，结合多年练拳与实践体会，对陈式太极拳缠丝劲的产生、运动方式及其作用有了几点心得体会与见解，恕余冒昧，借此机会，宣读与众，不吝赐教。

一、缠丝劲的产生

陈式太极拳在练习时要求：虚领顶劲，立身中正，松肩沉肘，含胸塌腰，心气下降，呼吸自然；松胯屈膝，裆劲开圆，虚实分明，上下相随，刚柔相济，快慢相间，外形走弧线，内劲走螺旋；以身领手，以腰为轴，缠绕圆转。整套拳在练习过程中，没有直线，没有平面，没有断续处，没有凸凹处，没有抽扯之形，没有提拔之意，浑然一圆，方为合格。

在这些规矩要求的指导下，通过旋踝转膝、旋跨转腰、旋腕转肩以及胸腰折叠运化之劲的引导，形成其根在足，形于腿，主宰于腰，贯串于手指的空间曲线螺旋运动，进而逐渐产生一种似柔非柔、似刚非刚、极为沉重而又极为灵活善变的内劲，如棉花裹铁，外柔内刚。这种内劲就叫缠丝劲。

子弹通过枪膛中的来福线后运行于空间时，既有螺旋形的自身旋转，又有弧线的运行路线。太极拳的缠丝劲就是要具备这种形象。这种形象的运动弧线叫“公转”，自身旋转叫“自转”，如地球环绕太阳运转走弧线，同时地球还有自身旋转一样。所以，太极拳要求一动全动，周身相随，以腰为主，节节贯串，周身无处不是圆。

二、缠丝劲的运动方式

缠丝劲的运动方式是陈式太极拳的重要特点之一，也是陈式太极拳的精华所在，故在练习时比较强调与重视。缠丝劲的运动方式，陈照丕老师在理论十三篇中明确指出“缠丝劲分顺缠、逆缠、上缠、下缠、左缠、右缠、里缠、外缠、大缠、小缠、正缠、倒缠，以及百般缠法，都是结合中气运行的。”虽缠丝劲的方法很多，但在教人初练时，不必指出哪部分是什么缠法，只分出正缠、倒缠即可，也就是顺缠、逆缠法。缠丝劲在手臂上的具体表现为：在运行过程中，掌心由内向外翻转为顺缠，由外向内翻转为逆缠。如云手一势，双手在胸前做正面缠丝时，手下沉走下弧向里合劲至小腹前为顺缠，然后穿掌向上外翻上掤拉开为逆缠丝。缠丝劲在腿上表现为：凡脚尖往里合为逆缠丝劲，往外摆为顺缠丝劲。其他缠法，在练拳时有什么身法，就有什么缠丝劲的表现。

顺、逆缠丝劲是陈式太极拳运动中相互矛盾、相互转化又互为其根的两种基本缠丝法，它们存在于太极拳整个套路运动过程中，并贯串始终。在这两种基本缠丝法之下，因方位不同和变换各异，又分出五对不同的方位缠丝，即：左右缠丝、上下缠丝、里外缠丝、大小缠丝、进退缠丝。其中左右和上下方位的缠丝合成为一个整圆，同时结合里外，使平面圆变成立体圆，这正是太极拳螺旋运动所必具的特色。其次，为了在练拳时有左右逢源、内外结合、周身一家起见，又有大小、进退两对方位缠丝配合，以满足健身和技击上的特殊需要。因此，太极拳每一个拳式，在顺、逆基本缠丝的基础上，至少要有三对方位缠丝结合一起进行运动。只要掌握了这个规律，就可以使动作在划弧线运动时有了一定的依据，不论是学习或纠正拳式，也就容易多了。

从陈式太极拳的整个套路来看，姿势繁多，动作各异，转换有别。但从它的基本缠丝来分析，所有拳式概不外乎“双顺缠”“双逆缠”“左逆右顺缠”“右逆左顺缠”等组合方式。若按此规律经常分析自己的拳势动作，并记录成册，分清劲别。如果感到某一动作别扭，不得势不得劲处，就可以按照各组合的缠丝劲的路线调整一下腰腿身法，以求得顺随，使姿势正确，逐步达到内外结合，也就是百般缠法，主宰于腰。

三、缠丝劲的作用

缠丝劲是陈式太极拳内气表现的一种形式。练习陈式太极拳能突破去僵求柔的阶段，达到疏通经络，引动内气，使内气与外形协调结合，内气逐渐充实壮大饱满。到此阶段，不但在健身方面能起到良好的作用，而且在技击自卫方面更能达到奥妙的境界。古人云：“培其根则枝叶自茂，润其源则流脉自长。”陈式太极拳正是“培根润源”的方法。

1. 缠丝劲在健身方面的作用

世人皆知，太极拳是良好的锻炼身体方法之一，经常练习，能使人身体强健，精力充沛，病者练好，弱者练强，强者更强，减少疾病，延长寿命。为什么呢?一个人每天 24 小时，每分每秒气血都在周流循环，如果血液有停滞现象，人就会生病。气血在人体走的不是直线，随经脉走的是曲线。练陈式太极拳的缠丝劲就是引导内气在体内循环经络沿曲线旋转，它能引导气血周流，促进气血循环，加速了人体的新陈代谢，从而达到避免或减少疾病，达到养生保健的目的。这也正是水流而不腐、户枢而不蠹的意思。

以上所介绍的是练缠丝劲对人体循环系统的作用。陈式太极拳的缠绕螺旋运动，有助于肠胃的有序蠕动，加强消化系统的机能，改善肠胃的血液循环，消化酶分泌增多，这就使食物的消化和营养物质的吸收进行得更顺利。所以加强缠丝劲的练习，能使人增强食欲，提高消化能力，有助于消化不良、胃肠神经官能症及溃疡等疾病的预防和治疗。

另一方面，健身法以缠绕螺旋的运动方式，产生合理的生理负荷，使骨骼、关节、肌肉得到系统全面的锻炼，使骨密质增厚，骨径变粗，骨面肌附着处突起明显，骨小梁的排列更加整齐有规律。由于骨的新陈代谢加强，从而在形态结构上产生良好效果，随着形态结构的变化，骨变得更加强壮和坚固，在抗折、抗弯、抗压和抗扭转方面的性能都有了提高。

通过太极拳放松性的缠绕螺旋运动，可使肌腱和韧带增粗，在骨附着处直径增大，胶原含量增加，单位体积内细胞核数目增多，关节软骨增厚，加上肌肉力量的增强，这就加大了关节的稳固性，加大了关节囊周围肌腱、韧带和肌肉的延展性，从而使关节活动幅度加大，因而经常练拳的人柔韧性较好。

螺旋式的缠绕螺旋运动，通过反复拧转绞动，使全身各部肌纤维都参加活动，使肌纤维拉长到一般运动难以达到的长度。锻炼日久，肌纤维中线粒体数目增多，体积增大，肌肉中脂肪减少，结缔组织增多，毛细血管及参与活动的肌纤维数量都增加。因而经常练陈式太极拳的人皮肤会逐渐变得细腻光泽，肌肉弹性好，健美有力。过瘦、过胖的人练习陈式太极拳都有明显的矫正效果。

陈式太极拳缠丝法对人体其他系统的功用如神经系统、呼吸系统、循环系统、消化系统、肌肉、骨骼等就不再一一详解，正如本文开头拳论所讲："……伸筋壮骨，气血流通，消化饮食，却病延年，皆缠丝劲之效力也。"

2. 缠丝功在技击自卫方面的作用

著名太极拳理论家陈鑫说："浑身俱是缠劲，大约里缠外缠，皆是随动而发……，其劲皆发于心内，入于骨缝，外达于肌肤，是一股劲，非有几股劲，即气之发于心者，得其中正，则为中气，养之即为浩然之气。"

"胳膊劲由心发，行于肩，过肘，至指，此时顺缠法。由骨至肌肤，由肩至指，出劲也。由指至肩倒（逆）缠法，所谓入劲者，引之而来，使敌近于我也。"

由以上两段拳论教导，我认为太极拳通过刻苦认真练习，得到中气阶段，养为浩然之气，内气充盈饱满，在太极圆转规律的前提下，任何外来侵力均难以侵入。如果没有旋转，力与力相碰，产生"顶抗"现象，正如现今比赛场上常出现的"顶牛"状况。为了解决这个问题，就必须运用太极拳的螺旋缠丝劲。因为螺旋的曲率半径是变化的；任何外力压在螺旋的曲率半径是变化的；任何外力压在螺体上，都能很自然地将压力因旋转落空而被化去。这是科学的化劲方法。

陈式太极拳螺旋缠丝的运动方式，是我国古老的、独特的体育运动方式，为世所罕有。也是力学的向心力、离心力的具体运用。我认为陈式太极拳的螺旋缠丝劲，在内气充盈的基础上，结合技击用法时有两种表现形式：一种是受到外来侵力的冲撞时，用不失掤劲的旋贯力将力点化解，若有余力未尽，再加力相助，使其扑空栽倒。若对方感到力点被化，随即抽回时，就要马上转劲跟上加力，打其回劲，使对方跌出。这就是引进落空合击出之法。另一种是进击时的旋转穿透力。就是借机发人时，将周身之力集中一点，快速旋转加力，如子弹离开枪膛的来福线，有穿透之威力。这两种劲力都产生于螺旋式的缠丝劲作用，因此在技击方面，缠丝劲是极其重要的。

缠丝劲是陈式太极拳的精华。无论在健身方面还是技击方面，缠丝劲都在发挥着关键作用。

一般人误认为太极拳轻柔缓慢，不能打人，不能打人是因为功夫不纯，没有练到缠丝劲。对此陈鑫拳论云：“不能打人只是功夫不到，若是功夫纯熟，由其大无外之圈，造到其小无内之境，不遇敌则已，如遇劲敌，则内劲猝发，如迅雷烈风之摧枯拉朽，孰能当之。”陈鑫又论：“人言此艺别有诀，往往不肯对人表，吾谓此艺无甚奇，自幼难以打到老。打到老年自然悟，豁然一贯神理妙。回头试想懒惰时，不是先知未说到，说到未入我心中，我心反觉多烦恼。天天说来天天忘，有心不用何时晓?有能一日用力寻，阴阳消长自有真。每日细玩太极图，一开一合在我身，循序渐进功夫长，日久自然闻真香。只要功夫能无间，太极随处见圆光，此是拳中真正诀，君试平心细思量。”

太极拳内气浅论与经络学说

一、太极拳内气与经络的关系

（一）太极图解

太极图（图 1）中的黑白两路分为“阴仪”和“阳仪”。造化之机，乃为阳极生阴，阴极生阳，阴阳二气，气机生息不止，变化不息。中国古代哲学家认为，“阴阳二气是物质世界的本源”。万物皆由“气”构成。然而气分阴阳，物质世界以及万物的形成，则是阴阳二气相互作用的结果。中医学的唯物观则进一步认为，“万物是由天地之间阴阳二气相互交感运动变化的结果”。正如《素问·六元纪大论》中说：“在天为气，在地成形，形神相感，而化生万物矣。”《类经》中也指出：“生化之道，以气为本，天地万物，莫不由之。”所谓“形神相感”和“生化之道”，是指天地间阴阳二气的相互作用，这就说明天地之间所以有万物，都是物质世界本身的产物，是物质的“气”运动变化的结果。

图 1

（二）太极八卦图解

图 2

中国古代朴素的唯物观承认世界的物质性，认为“气”是构成物质世界的本源。《易经》认为，“万物始生于太极”。太极乃为原始混沌之气，这就从根本上触及到“气”是物质世界的本源。所谓“太极生两仪”，两仪生四象，四象生八卦（万物）等（图 2），这正是由于太极阴阳二气的不停运动和变化，而产生五彩缤纷的物质世界。这种朴素的唯物观和方法论，从中揭示了“运动”是物质的根本属性，“静止”不过是物质运动的相对状态。

“太极生两仪”，两仪即是指阴阳。意思是指阴阳两性有别，但同处于一个整体中，以此说明万事万物皆有阴阳。阴阳之间既相互对立，又相互统一，相互依存，相互制约，消长与共，阴阳互根。《易经》以“—”作为阳的符号，以“- -”作为阴的符号，分别表示事物的阳性和阴性。这两个符号在八卦中，分别称之为“阳爻”和“阴爻”，并以一定的方位或增或减，用来说明万事万物发展变化的规律。它是我国古代的一种朴素的宇宙观和方法论，具有对立统一的内涵。阴阳两仪是对自然界相互关联的某些事物或现象的对立双方的高度概括，是代表着两个相互关联的事物或势力，代表着同一事物内部所存在着的相互对立的两个方面。它是我国古代唯物主义哲学领域的一种重要范畴，具有矛盾的对立统一性。

“两仪生四象”，四象是指太阴、太阳、少阴、少阳。太阴是由“⚏”组成，表示事物的阴性占主导地位；太阳是由“⚌”组成，表示事物的阳性大盛；少阴是由“⚍”组成，阴爻在上，阳爻在下，表示事物的阴性初生未充，或是在分化减少；少阳是由“⚎”之爻组成，阳在上，阴在下，表示事物阳性初生未充，或者是在分化减少。所谓两仪生四象，就是指阴阳二气相互作用，由量变到质变的相互转变过程。

“四象生八卦”，八卦是指乾、坎、艮、震、巽、离、坤、兑。由于气的运动变化而生阴阳，由于阴阳二气的交感而化生四象，因而出现了天（乾）、地（坤）、风（巽）、雷（震）、水（坎）、火（离）、山（艮）、泽（兑）八种自然现象，从中可以揭示出生化之道是由天地间阴阳二气相互作用的结果。故物质世界四象八卦本身的产物，都是物质的气运动变化的结果。

（三）太极与十二经脉图解

《易经》中的“太极生两仪”（阴阳），“两仪生四象”（太阴、太阳、少阴、少阳），《素问·热论》在六经的基础上，结合自然界存在着的“风、火、湿、燥、寒、暑”六气的变化，《易经》四象学说增加了“阳明”“厥阴”二名，与六气相契，并分别命名为“厥阴风木”“少阴君火”“少阳相火”“太阴湿土”

图 3

“阳明燥金”“太阳寒水”。古人在天人合一的基础上，又将六经概括为十二经脉（图 3），分手足三阴、三阳，三三合一，共称六经，用以说明人体阴阳气血变化的规律。这正是根据《易经》阴阳两仪理论，把三阳经归属太极的阳端，把三阴经归属太极的阴端，形成一个整体，并把人体的十二经脉，纳入六经之中，构成一个人体与大气相合的循环模式。

（四）阴阳二气与经脉的关系

阴阳二气与三阴三阳经的关系，正如《十四经发挥》注释所说："三阴即太阴、少阴、厥阴，三阳即太阳、少阳、阳明，这是从各经气血多少而命名的。"《素问·至真要大论》说："气有多少，巽用也。"太是大的意思，阴气大盛则称太阴，阳气大盛则称太阳。少是初生来未充之意，阴气初生，则为少阴，阳气初生，则为少阳。阳明是两阳合明、阳气盛极之意。厥阴是两阴交尽、阴气消尽的意思。所以说阴阳之气，离则为三阴三阳，合则为一阴一阳。十二经脉的三阴三阳不过是代表经络气血本身气血阴阳的多少而已。例如，胃为水谷之海，多阳多气之经，故称之为足阳明胃经。其他经脉依次类推。

二、太极拳内气的练习方法

（一）无极图、太极图

无极为一无所有，太初浑穆之象。意为上场打拳，端然恭立，合目息气，两手自然下垂，身桩端正，两脚并立于同一横线上，脚尖微外撇，心中一无所有。一念无所思，为太极浑穆之象。（图 4）

太极生于无极，太极无有形声，但已蕴初兆。如硕果之核，生机在将动未动之时。待等生机充足，方破壳而出。此期阴阳虽未分而分之机已动，一到于分，清气上升为天（阳气），浊气下降为地（阴气）。但此时清气尚未上升，浊气尚未下降，故此称为太极。这里比喻上场打拳前，手足尚未运动，而在端然恭正之中，其阴阳开合之机，消息盈虚之数已寓于心腹之内。此时一志凝神，专注于静，阴阳开合，消息盈虚，此未动于形，曰之太极（图 5）。言此之意，以示学拳之人，初上场时，要洗心涤滤，去其妄念，平心静气，以待其动，如此后方可学拳。

图 4 无极图

图 5 太极图

（二）太极拳内气概述

陈式太极拳中所说的内气，是功能与物质的综合体。它不是指狭义的肺部吸进的氧气和人体固有的力气，而是一方面概括了中医学中的“正气”“元气”“经络之气”“真气”等物质的气，另一方面还包含有武术、气功中所说的“内劲”“内功”等功能的气。这两种气的相互促进，相互为用，共同组成了陈式太极拳中所说的太极内气。

陈式太极拳的练习，要以意念、动作、呼吸三者密切配合。意念是练拳的中心，练拳时要将意念糅入动作之内，一意凝神，并同时将呼吸配合于架势之中。虚实开合，螺旋缠丝，节节贯穿等特殊的运动方式要密切配合，久而久之，太极拳内气自然充盛，即可产生防病、御敌及技击防身的生理效应。

(三) 太极拳内气的练习方法

太极拳内气的练习，遵照以下三个阶段，方可使内气一气贯通。在这三个阶段内，练习者本人除了勤学苦练、细心体会外，还需必要的指导，以去其丢、顶等毛病，方可渡过难关，达至成功。

第一阶段：此阶段的练习目的主要是熟练套路和纠正架式。首先要清心涤虑，以除去影响练拳的各种因素，专心一意，以后再按拳谱要求，再立身中正的前提下，虚领顶劲，沉肘松肩，含胸塌腰，屈膝圆裆，注意头、手、身、脚、步等各部位的要求，一招一势认真练习，不可间断。除去焦躁情绪，循序渐进，万不可急于求成。每天练习 5~10 遍，半年至 1 年时间，即可将套路练熟。随着熟练程度的提高，逐渐可以觉察到体内产生内气鼓荡，气到之处，有酸、麻、沉、胀（仅表现在某一部位，最常见于上肢、手指之处）的感觉。此阶段太极拳架式的招招式式，具有断劲不圆的缺陷。

第二阶段：经过 1 年左右的练习后，练习者已具有了一定的基础，开始进入第二阶段的练习。在这一阶段的练习中，要逐步达到通运任督诸脉，随之使十二经脉也相继打通。此阶段练习的重点是在注意第一阶段要求的前提下，注重虚实开合及缠丝劲的练习。开合练习是内气鼓荡得以调整的基础，是太极阴阳二气对立统一的活动形式。开合分为内合和外合。外合即是手与足相合，肘与膝相合，肩与髋相合；左手与右足合，左肘与右膝合（右边也是如此）；手与身相合，手与头相合，身与步相合。内合即筋与骨相合，气与力相合，心与意相合，肝与筋相合，脾与肉相合，肺与身（皮毛）相合，肾与骨相合。心意一合，周身一起合住，心意一开，内外俱开。同时开中寓合，合中寓开。一开一合，阴阳二气递相承。此乃为："阴中有阳，阳中有阴，阴得阳助则生化无穷，阳得阴助则化源不竭。"陈式太极拳中的缠丝劲，是区别于其他拳种运动形式的独特之处。缠丝劲练习得好坏，关系着太极拳内劲走、化、粘、发的质量标准。缠丝劲是以它独特的螺旋缠绕的运动形式，使清气上升，浊气下降，使内气得以通运诸经。《太极拳论》中说："缠丝劲，发源于肾，处处有之，无时不然。"练习者要严格掌握它的练习方法和运动特点。

练习缠丝劲，要求沉肘松肩，含胸塌腰，开髋屈膝，动作以腰为轴，一动全动。掌心内外翻转，手往外转，以腰催肩，以肩催肘，以肘催手。表现在上肢为旋腕转膀，表现在下肢为旋踝转腿，表现在身躯为旋腰转脊。三者合一，形成一条其根在脚、主宰于腰、行于手指的空间曲线。练习时如觉得有不适之处，可随缠丝劲的劲别方向调整身躯的重心，以使顺遂。

手足缠丝劲路线示意图如下。两腿之劲皆由足趾领起，上缠过踝，过膝上行至大腿根部，直达裆内任脉会阴穴。运动足跟踏地，渐至足趾，至太阴脾经的隐白穴（足大趾尖处），充实于足掌至足心足少阴肾经的涌泉穴。（图 6）

倒缠法是由手指缠至肩。此法内劲由指腹收于肘肩。（图 7）

手臂缠丝劲由心发，行于肩，过肘至指，是属于顺缠法。此法由骨至肌肤，由肩至指，内劲由肩臂行于指尖。（图 8）

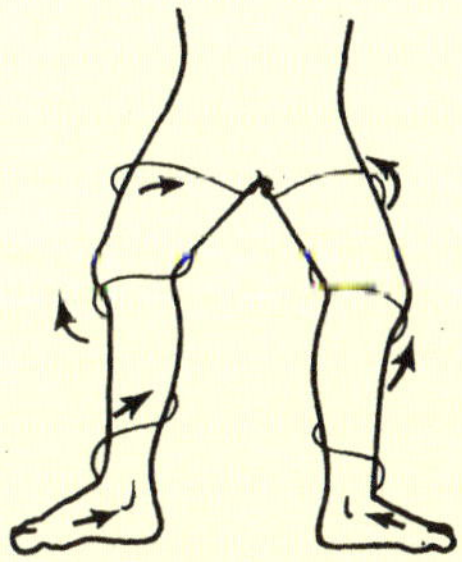

图 6

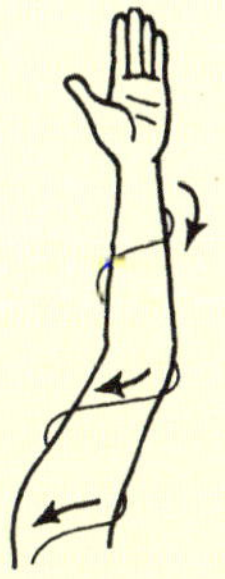

图 7

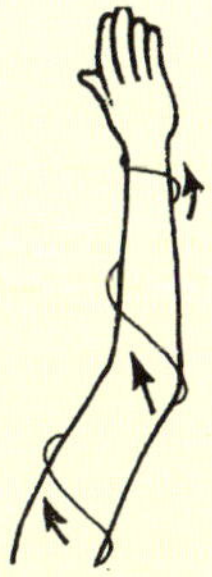

图 8

图中的箭头方向为缠丝劲的运行方向。缠丝劲路是采用力学理论中的螺旋原理，利用曲率半径的变化，迫使任一外加压力着于这个螺旋半径面上，无论压力的大小，均会自然将压力化去。因此可以说，缠丝劲是自然化劲的方式，也是引进落空的必备手法。练习缠丝劲，可先练习掤劲和捋劲（即顺缠丝劲和逆缠丝劲），此顺、逆缠丝劲也可按“云手”动作的要求进行练习。顺、逆缠丝是两种不同劲别的运动方式，它贯穿于陈式太极拳整套架式的始终。太极拳的每一个架式，都是由这些不同大小、不同方位的顺、逆缠丝劲别组成（每式最少有两对以上缠丝劲）的。每对缠丝劲的练习，要注意在没有直线、没有平面、没有凸凹之处、一环套一环、开合虚实、节节贯穿的前提下进行。这样方可使太极拳功底增厚，内气鼓荡，循行无滞。

第三阶段：历经前两个阶段的架式和开合缠丝劲的练习后，已具有了一定的基础。这一阶段的练习，突出重点是一个“意”字。《太极拳论》中曰：“以意行气，以气运身。”“全身意在神，不在气，在气则滞。”关于“意”的解释，《灵枢·本神篇》说：“心有所忆为之意。”明代医学家张景岳在《类经》一书中进一步解释说：“心有所想，而无动作为之意。”《甲乙经·精神五脏论》一书中也说：“思发于脾而成于心为之意。”总之，意念的产生，是在心主神明的作用下所进行的精神意识思维活动。因此在这一阶段练习的主要目的，是将精神意识思维活动与套路架式密切配合，真正做到“形在意之内，意在形之中”，动作与内气一致。意不动，内气不动，外形亦然不动。意欲动，内气动，外形随之而动。静则心无所思，意无所欲，行专于静，静如山岳。动则意动，内气鼓荡，行如闪电。在这个阶段，练习者可以自已觉察到，体内有内气鼓荡，练拳时气到之处，有酸、胀、热、沉等感觉。练习套路架式时可以感觉到有许多不适之。如感觉架子别扭，运劲不那么顺遂，总觉得练习水平比以前下降，在发劲时“呼呼”带风，震脚“咚咚”作响，可是推手时就是不顺手，好像不得诀窍。有些人在此阶段，由于练习时气沉不下去，发生胸闷、胀憋、吃不进饭等现象，《太极拳论》中称之为“横气填胸”；或因不能以气运身，使浊气上逆，而感到头昏脑涨。在出现上述情况时，不可急躁和泄气，可请教拳师校正，除去弊端后，上述情况也自然会好转或消失。第三阶段是学太极拳能否取得成功的关键阶段，因在此阶段容易产生灰心泄气情绪，不能正常坚持。产生灰心有两种情况：一种是练拳和推手结合不好，用不顺手，怀疑教师藏技不传，为此易间断；另一种是本人意志力不够，练拳之事常被其他杂事所误，自己也曾下决心要坚持不懈，达总是受客观因素的干扰。要克服这些情况，方法有两点：第一要有毅力和决心，排除一切干扰因素，每天无论工作多么忙，都要挤出一定时间进行练习，要记住“决心是打开前进之门，毅力是取得成功之母”。第二，要在老师的指导下，循规蹈矩一招一势，认真练习每个动作，要细心体会，久而久之，自然会水到渠成，胜利渡过难关。

经过以上三个阶段的练习，太极拳套路已熟练顺遂，动作架式能够与呼吸自然配合，练习者已具有一定的功底，内气已基本通运诸经，且已具备自我纠正练拳中所出现毛病的能力。但是，此时内气尚不充盛，还必须循规蹈矩，承上启下，一招一势认真练习，持之以恒，这样自然会心领神会，以后无师也会大成。

三、经络学说

中医经络学说是研究人体经络系统的生理功能、病理变化以及经络与脏腑之间的相互关系的学说，是中医学理论的重要组成部分，也是陈式太极拳内气理论的重要组成部分。

（一）经络概述

经络，是经脉和络脉的合称，是人体运行气血的通路。太极拳重在养气、运气，练拳不明经络，犹如治水不懂江河湖海水流分布、大小，盲目妄行，定出差错。所以，练拳者明了经络是十分必要的。

“经”有路径之意，“络”有网络之称。“经”贯通上下，沟通内外，是经络系统的主干；“络”是经的分支，较经脉细小，别出于经，纵横交错，遍布周身。《灵枢·脉度篇》说：“经脉为里，支而横者为络，络之别者为孙。”经络内属脏腑，外络肢节，将人体联系成为一个有机的整体，使机体各组织器官保持协调平衡。在生理方面，经络有运行气血、协调阴阳的功能；在病理方面，经络有抗御病邪、反映症候的功能；在防治疾病方面，经络有传导感应、调整虚实的功能。

经络包括经脉和络脉，经脉包括十二经脉和奇经八脉，以及附属于十二经脉的十二经别、十二经筋、十二皮部。络脉包括十五络脉、浮络和孙络。十二经脉即是手三阴经（手太阴肺经、手厥阴心包经、手少阴心境）、手三阳经（手阳明大肠经、手少阳三焦经、手太阳小肠经）、足三阴经（足太阴脾经、足厥阴肝经、足少阴肾经）、足三阳经（足阳明胃经、足少阳胆经、足太阳膀胱经）的总称，是经络系统的主体，故称“十二正经”。奇经八脉包括任脉、督脉、冲脉、带脉、阴维脉、阳维脉、阴跷脉、阳跷脉八条经脉。因其分布和作用有异于十二经脉，是十二经脉之余，又无络属脏腑的表里配偶关系，故称奇经。奇经八脉对其余的经络起统率、联络和调节盛衰的作用。十二经别，是十二经脉在胸、腹及头部的重要支脉，起沟通脏腑、加强表里经联系的作用。十五络脉，是十二经脉在四肢及躯干前、后、侧三部的重要支脉，起沟通表里和渗灌气血的作用。二十经筋是十二经脉之气结聚于筋内关节的体系，是十二经脉的外周连属部分，其作用是约束骨骼，利于关节活动。十二皮部是十二经脉功能活动在体表部位的反映，也是经脉之气散布之所在，起卫外屏障作用。经络系统的组成见表1。

表1　经络系统简表

- 经络
  - 经脉
    - 十二经脉
      - 手三阴经
        - 手太阴肺经
        - 手厥阴心包经
        - 手少阴心经
      - 手三阳经
        - 手阳明大肠经
        - 手少阳三焦经
        - 手太阳小肠经
      - 足三阴经
        - 足太阴脾经
        - 足厥阴肝经
        - 足少阴肾经
      - 足三阳经
        - 足阳明胃经
        - 足少阳胆经
        - 足太阳膀胱经
      - 二十经别
      - 二十经筋
      - 十二皮部
    - 奇经八脉
      - 任脉
      - 督脉
      - 冲脉
      - 带脉
      - 阴维脉
      - 阳维脉
      - 阴跻脉
      - 阳跻脉
  - 络脉
    - 十五络脉
    - 浮络
    - 孙络

十二经脉的走行规律是“手之三阴，从藏走手；手之三阳，从手走头；足之三阳，从头走足；足之三阴，从足走腹”。手足各经脉相互连接，阴经上升，阳经下降，这说明气血运行是“阴阳相贯，如环无端”的。

十二经脉的流注关系见表 2。

十二经脉经气盛衰与十二时辰是相应的，习拳者可根据自身体质情况选择最佳练拳时间，以便更有针对性。现将经气最旺的时辰与十二经对应关系分列如下：

足少阳胆经——子时（23~1 时）；

足厥阴肝经——丑时（1~3 时）；

手太阴肺经——寅时（3~5 时）；

手阳明大肠经——卯时（5~7 时）；

足阳明胃经——辰时（7~9 时）；

足太阴脾经——巳时（9~11 时）；

手少阴心经——午时（11~13 时）；

手太阳小肠经——未时（13~15 时）；

足太阳膀胱经——申时（15~17 时）；

足少阴肾经——酉时（17~19 时）；

手厥阴心包经——戌时（19~21 时）；

手少阳三焦经——亥时（21~23 时）。

表 2　十二（四）经脉流注表

┌→	①手太阴、肺	→	②手阳明、大肠
			↓
⑭	④足太阴、脾	←	③足阳明、胃
任	↓		
脉	⑤手少阴、心	→	⑥手太阳、小肠
↑			↓
督	⑧足少阴、肾	←	⑦足太阳、膀胱
脉	↓		
⑬	⑨手厥阴、心包	→	⑩手少阳、三焦
↑			↓
└─	⑫足厥阴、肝	←	⑪足少阳、胆

（二）十四经脉循行

1. 手太阴肺经循行

《灵枢·经脉》：肺手太阴之脉，起于中焦，下络大肠，还循胃口，上膈属肺。从肺系，横出腋下，下行臑内，行少阴、心主之前，下肘中，循臂内上骨下廉，入寸口，上鱼，循鱼际，出拇指之端（图 9）。图中虚线为经脉内行线，无穴通路，实线为外行线，为有穴通路。

其支者：从腕后，直出次指内廉，出其端。

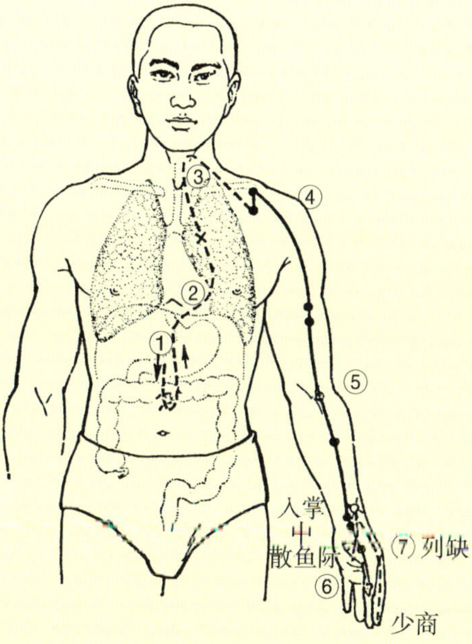

图 9

2. 手阳明大肠经循行

《灵枢·经脉》：大肠手阳明之脉，起于拇指次指[①]之端，循指上廉，出合谷两骨之间，上入两筋之中，循臂上廉，入肘外廉，上臑外前廉，上肩，出髃骨[②]之前廉，上出于柱骨之会上[③]，下入缺盆，络肺，下膈，属大肠。（图 10）

其支者：从缺盆上颈，贯颊，入下齿中；还出挟口，交人中——左之右，右之左，上挟鼻孔。

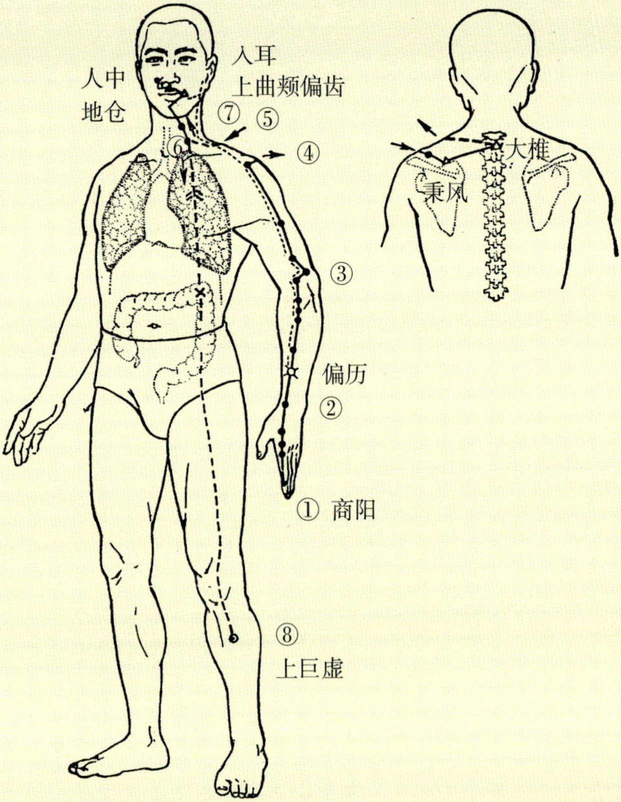

图 10

注释：

① 拇指次指——指食指。

② 髃骨——指肩峰部。

③ 柱骨之会上——指锁骨。

3. 足阳明胃经循行

《灵枢·经脉》：胃足阳明之脉，起于鼻，交頞[①]中旁约太阳之脉，下循鼻外，入上齿中，还出挟口，环唇，下交承浆，却循颐[②]后下廉，出大迎，循颊车，上耳前，过客主人[③]，循发际，至额颅。(图 11)

其支者：从大迎前，下人迎，循喉咙，入缺盆，下膈，属胃，络脾。

其直者，入缺盆下乳内廉，下挟脐，入气街中。

其支者：起于胃口[④]，下循腹里，下至气街中而合——以下髀关，抵伏兔，下膝髌中，下循胫外廉，下足跗[⑤]，入中指内间。

其支者：下膝三寸（10 厘米）而别，入下中指外间。

其支者：别跗上，入大指间，出其端。

注释：

①頞——鼻根部。

②颐——口角后，下颔部。

③客主人——指上关穴。

④胃口——指胃的下口，即幽门部。

⑤足跗——足背。

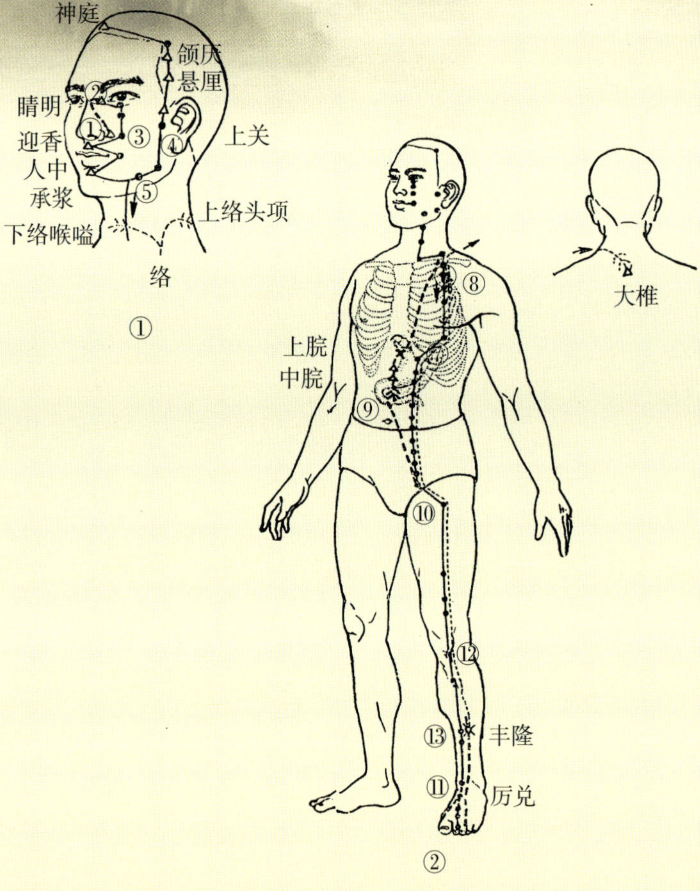

图 11

4. 足太阴脾经循行

《灵枢·经脉》：脾足太阴之脉，起于大指[1]之端，循指内侧白肉际，过核骨后[2]，上内踝前廉，上踹[3]内，循胫骨后，交出厥阴之前，上膝股内前廉，入腹，属脾，络胃，上膈，挟咽，连舌本[4]，散舌下。（图 12）

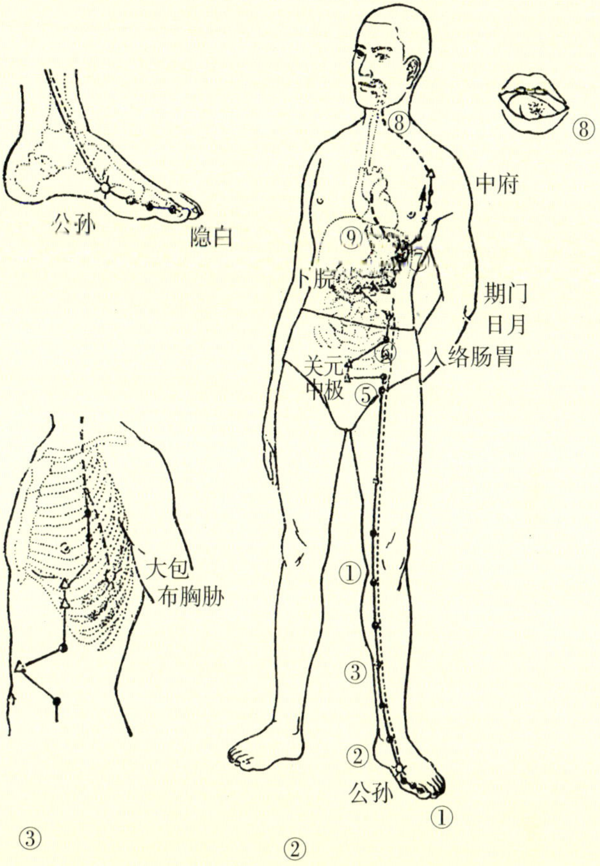

图 12

其支者：复从胃，别上膈，注心中（脾之大络，名曰大包，出源腋下三寸，布胸胁）。

注释：

①指——通“趾”。

②核骨——第一蹠骨的头部突起。

③揣——腓肠肌部。

④古本——舌根部。

5. 手少阴心经循行

《灵枢·经脉》：心手少阴之脉，起于心中，出属心系，下膈，络小肠。（图 13）

其支者：从心系，上挟咽，系目系[①]。

其直者：复从心系，却上肺，下出腋下，下循臑内后廉，行太阴、心主之后，下肘内，循臂内后廉，抵掌后锐骨[②]之端，入掌内后廉，循小指之内，出其端。

注释：

①目系——指眼后与脑相连的组织。

②掌后锐骨——指腕骨之豌豆骨。

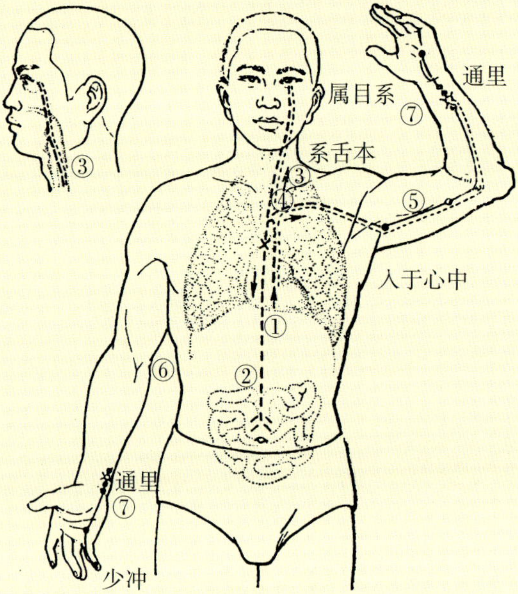

图 13

6. 手太阳小肠经循行

《灵枢·经脉》：小肠手太阳之脉，起于小指之端，循手外侧上腕，出踝[①]中，直上循臂骨下廉，出肘内侧两骨[②]之间，上循臑外后廉，出肩解[③]，绕肩胛，交肩上，入缺盆，络心，循咽下膈，抵胃，属小肠。（图 14）

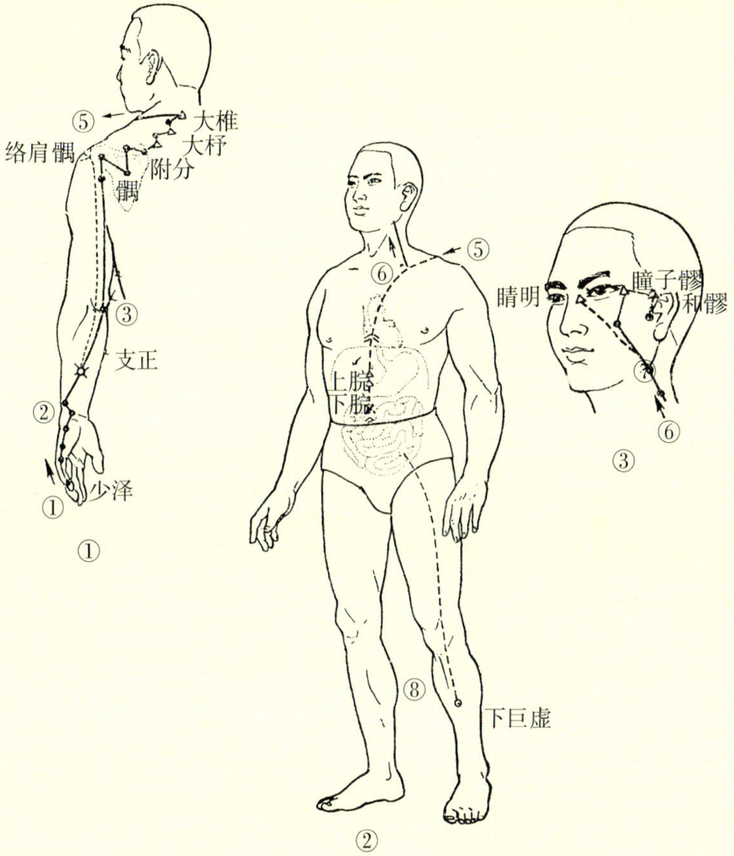

图 14

其支者：从缺盆循颈、上颊，至目锐眦，却入耳中。

其支者：别颊上䪼[4]，抵鼻，至目内眦（斜络于颧）。

注释：

①踝——手腕后方小指内侧的高骨。

②两骨——尺骨鹰嘴和肱骨内上踝。

③肩解——指肩关节缝。

④䪼——眼眶下方，包括颧骨内连及上牙床的部位。

7. 足太阳膀胱经循行

《灵枢·经脉》：膀胱足太阳之脉，起于目内眦，上额，交巅[1]。（图 15）

其支者：从巅至耳上角。

其直者：从巅入络脑，还出别下项，循肩膊内，挟脊[2]抵腰中，入循膂[3]，络肾，属膀胱。

其支者：从腰中，下挟脊，贯臀，入腘中。

其支者：从膊内左右别下贯胛，挟脊内，过髀枢[4]，循髀外后廉下合腘中——以下贯踹内，出外踝之后，循京骨至小指外侧。

注释：

①巅——百会穴处。

②挟脊——挟行脊柱两旁。

③膂——挟脊两旁的肌肉。

④髀枢——当股骨大转子部，环跳穴旁。

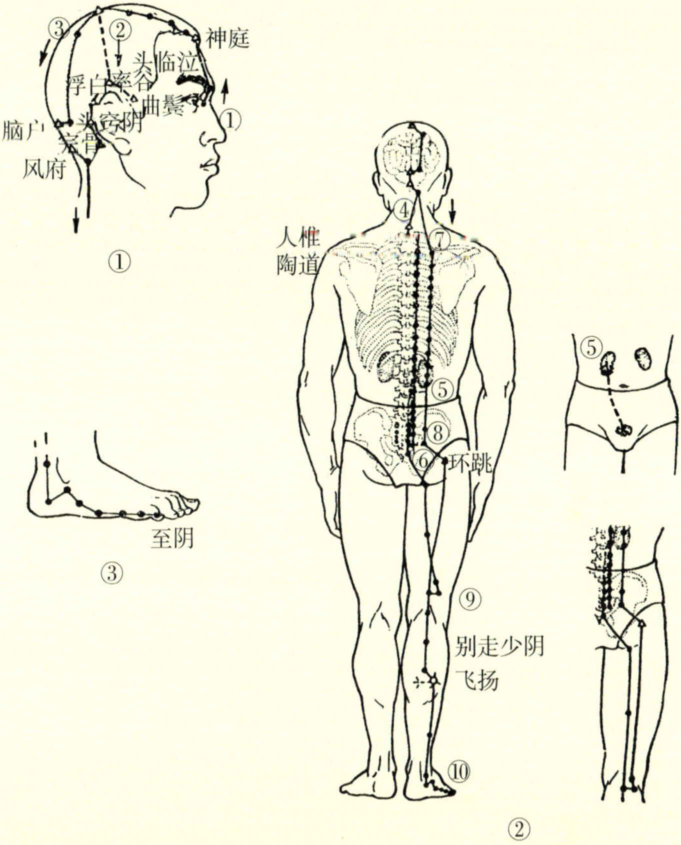

图 15

8. 足少阴肾经循行

《灵枢·经脉》：肾足少阴之脉，起于小指（趾）之下，邪走[1]足心，出于然谷[2]之下，循内踝之后，别入跟中，以上踹内，出腘内廉，上股内后廉，贯脊属肾，络膀胱。（图 16）

其直者：从肾上贯肝、膈，入肺中，循喉咙，挟舌本。

其支者：从肺出，络心，注胸中。

注释：

①邪——通“斜”。

②然谷——舟骨粗隆。

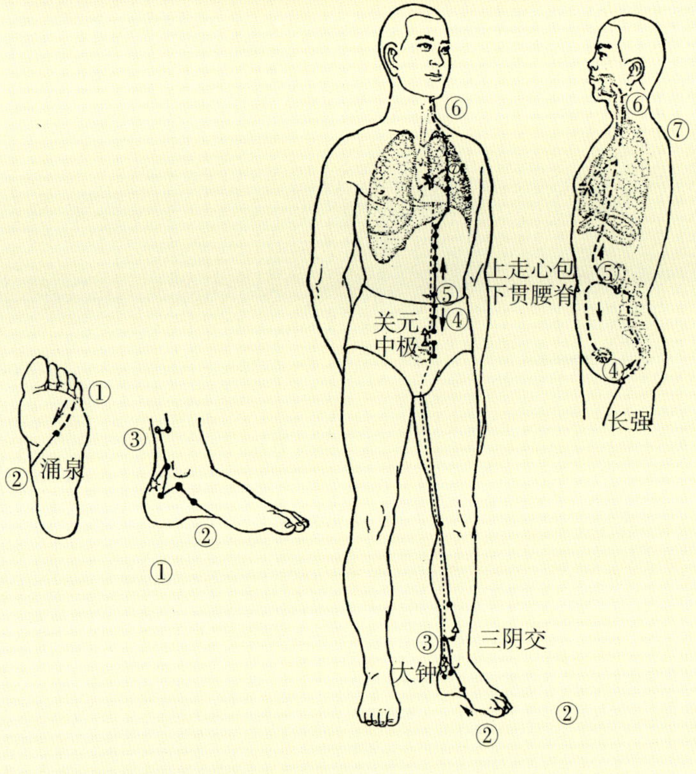

图 16

9. 手厥阴心包经循行

《灵枢·经脉》：心主手厥阴心包络之脉，起于胸中，出属心包络，下膈，历络三焦[1]。

其支者：循胸出胁[2]，下腋 3 寸（10 厘米），上抵腋下，循臑

内，行太阴、少阴之间，入肘中，行两筋之间，入掌中，循中指，出其端。（图 17）

其支者：别掌中，循小指次指[③]出其端。

注释：

①历络三焦——指自胸至腹依次联络上、中、下三焦。

②胁——乳下旁肋部。

③小指次指——指无名指。

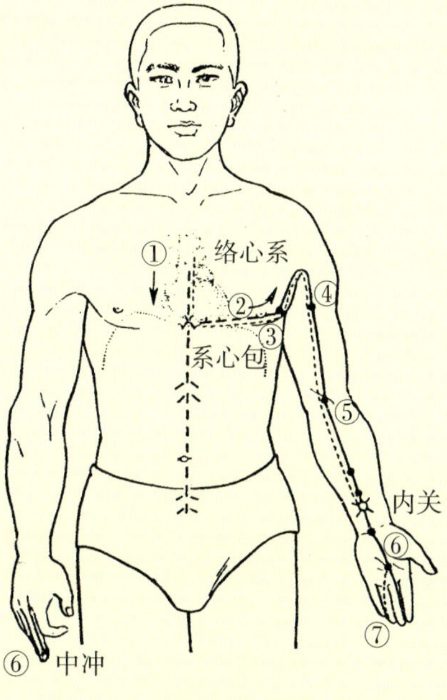

图 17

10. 手少阳三焦经循行

《灵枢·经脉》：三焦手少阳之脉，起于小指次指之端，上出两指之间[①]，循手表腕[②]，出臂外两骨[③]之间，上贯肘，循乳外上肩，

而交出足少阳之后，入缺盆，布膻中，散络心包，下膈，遍属三焦。（图 18）

其支者：从膻中，上出缺盆，上项，系耳后，直上出耳上角，以屈下颊至䪼。

其支者：从耳后入耳中，出走耳前，过客主人，前交颊，至目锐眦。

注释：

①两指之间——指第四、第五掌骨间。

②手表腕——指手背腕关节中。

③臂外两骨——指前臂伸侧尺、桡两骨间。

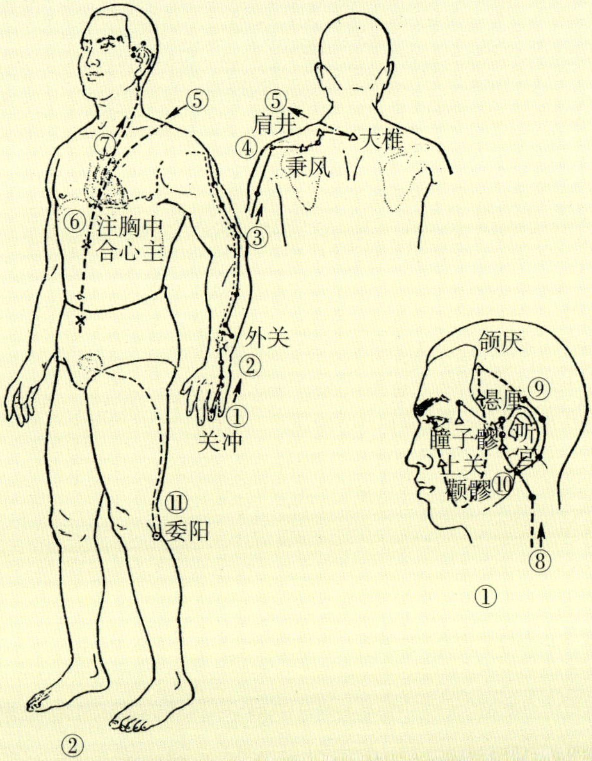

图 18

11. 足少阳胆经循行

《灵枢·经脉》：胆足少阳之脉，起于目锐眦，上抵头角①，下耳后，循颈，行手少阳之后，入缺盆。（图 19）

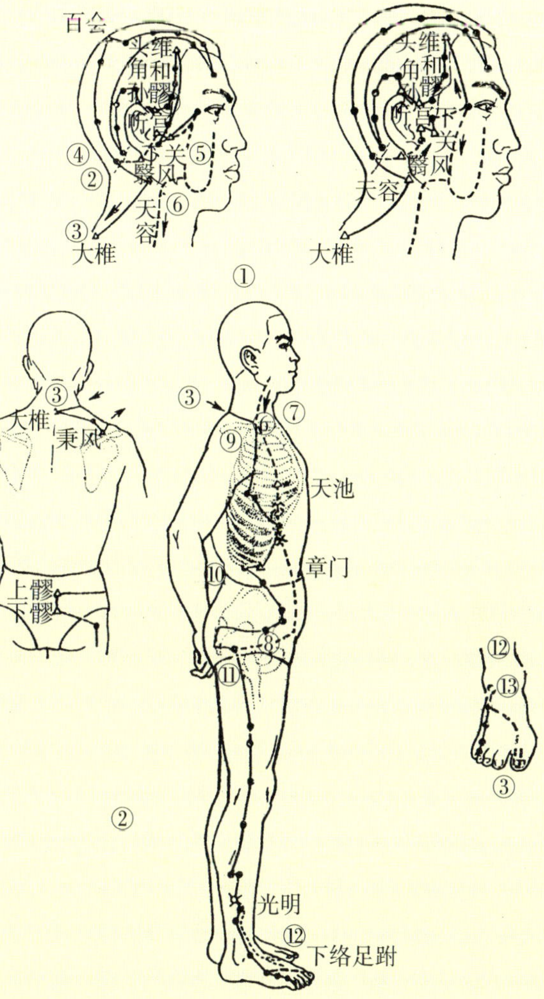

图 19

其支者：从耳后入耳中，出走耳前，至目锐眦后。

其支者：别锐眦，下大迎，合于手少阳，抵于䪼，下加颊车，下颈，合缺盆——以下胸中，贯膈，络肝，属胆，循胁里，出气街，绕毛际[②]，横入髀厌[③]中。

其直者：从缺盆下腋，循胸，过季胁，下合髀厌中——以下循髀阳[④]，出膝外廉，下外辅骨[⑤]之前，直下抵绝骨之端，下出外踝之前，循足跗上，入小指次指之间。

其支者：别跗上，入大指之间，循大指岐骨内[⑥]，出其端，还贯爪甲、出三毛。

注释：

①头角——额结节部。

②毛际——指耻骨阴毛处。

③髀厌——髀枢，环跳穴部。

④髀阳——大腿外侧。

⑤外辅骨——指腓骨。

⑥大指岐骨——指第一、第二跖骨。

⑦三毛——足趾背短毛。

12. 足厥阴肝经循行

《灵枢·经脉》：肝足厥阴之脉，起于大指丛毛之际，上循足跗上廉，去内踝一寸，上踝八村，交出太阴之后，上腘内廉，循股阴[①]，入毛中，环阴器，抵小腹，挟胃，属肝，络胆，上贯膈，布胁肋，循喉咙之后，上入颃颡[②]，连目系，上出额，与督脉会于巅。（图 20）

其支者：从目系下颊里，环唇内。

其支者：复从肝别贯膈，上注肺。

注释：

①股阴——大腿内侧。

②颃颡——指喉头和鼻咽部。

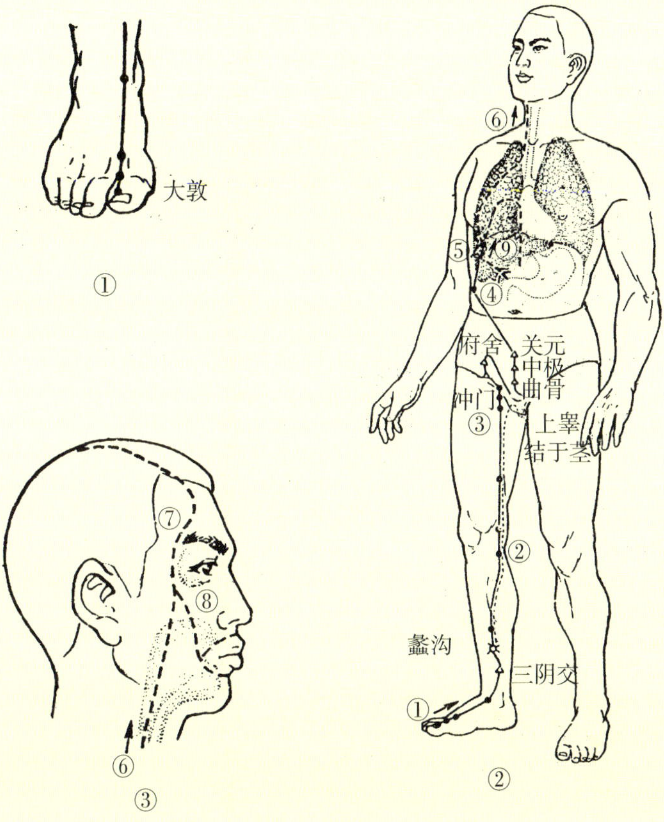

图 20

13. 督脉循行分布

《奇经八脉考》：其脉起于肾下胞中，至于少腹，乃下行于腰横骨围之中央，悉溺孔之端。男子循茎下至篡，女子络阴器，合篡间，具绕篡后屏翳，别绕臀，至少阴与太阳中络者合少阴上股内廉，由会阳贯脊，会于长强穴。在骶骨端与少阴会，并脊里上行，历腰腧、阳关、命门……大椎，与手足三阳会合，上哑门，上至风府，上巅，历百会至神庭，循额中，至鼻柱，经素髎、水沟，会于手足阳明之兑端龈交，与任脉足阳明交会而终。（图 21）

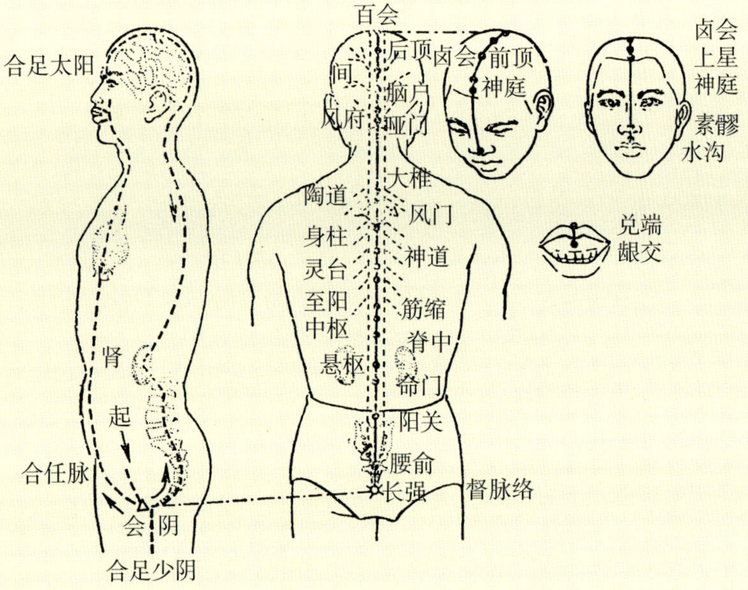

图 21

14. 任脉循行分布

《素问·骨空论》：任脉者，起于中极之下，以上毛际，循腹里，上关元，至咽喉，上颐循面入目。

《灵枢·五音五味》：冲脉、任脉皆起于胞中，上循背里，为经络之海；其浮而外者，循腹（右）上行，会于咽喉，别而络唇口。

《灵枢·经脉》：任脉之别，名曰尾翳，下鸠尾，散于腹。（图 22）

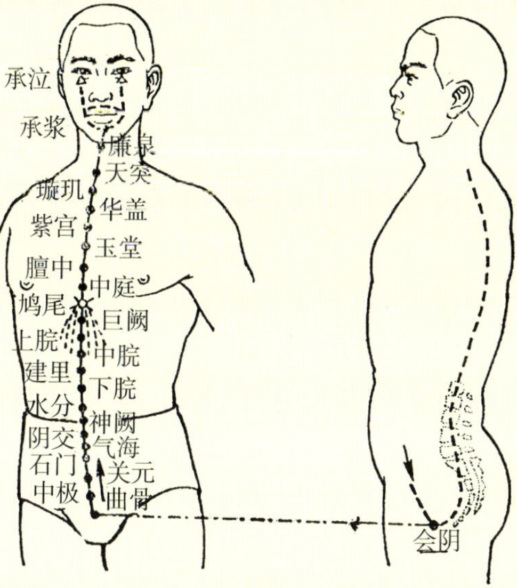

图 22

四、常用腧穴

(一) 百 会

定位：在头部，当前发际正中直上约 17 厘米，后发际正中直上约 23 厘米，两耳尖连线的中点处。

功能：本穴属督脉，督脉为阳脉之海，连系手足各阳经，具有统调全身阳气的作用。百会穴为督脉、手足三阳经交会穴，能贯通诸条阳经，具有生阳益气作用。

主治：气虚下陷的病症和精血不能上充于脑、气随血脱、血随气脱引起的病症。

（二）气海（下丹田）

定位：在脐下 5 厘米，腹中线上，深部为小肠。

功能：本穴为任脉经穴，可大补元气。或针、或灸、或周围按摩、或意守之，功似人参、黄芪、杜仲等。

主治：一切真气不足，脏器虚惫。

（三）膻中（中丹田）

定位：在胸部，前中线上，平第四肋间，两乳头连线的中点。

功能：泻膻中能宽胸利膈，理气通络，清肺降逆，化痰。练拳时，"心气下降"可平"横气填胸"之弊。

主治：咳喘、胸闷、胸痹、胸阳不足、乳汁缺乏。

（四）肾　腧

定位：第二腰椎棘突下，旁开 5 厘米，深部为肾脏。

功能：益肾壮阳，纳气利水。本穴为肾脏之气输注之处。

主治：引肾虚引起的多种病，如遗精、阳痿、月经不调、腰膝酸软、耳鸣耳聋等。

太极拳家认为肾为内气之源，故有"出肾入肾是真诀"之说。

（五）少　商

定位：在拇桡侧，距指甲角外上方 0.33 厘米处。

功能：本穴为肺经井穴，所出为井，言其脉气外发，点刺放血克清热凉血，利咽开窍。

主治：肺卫病、神志病、咽喉病。

（六）命　门

定位：在第二腰椎棘突下凹陷中。

功能：命门穴为督脉腧穴，为元气之本，生命之门户，故称命门。命门之火起温煦脏腑的作用，故本穴有温肾壮阳之功。

主治：肾阳不足所引起的阳痿、尿频、腰痛等病症。

（七）神阙（脐）

定位：脐中央。

功能：回阳固脱，健运脾阳。

主治：脱症（四肢不温、阳气衰败）、泄泻、荨麻疹。多用灸法。

（八）关　元

定位：位于脐下三寸（10 厘米），腹中线上，穴下是小肠、膀胱和子宫底部。

功能：温肾、散寒、益气。

主治：中风脱证、遗尿、阳痿、水肿等。

经常艾灸关元能够强壮身体，预防疾病。

（九）人中（水沟）

定位：在面部，当人中沟上三分之一与中三分之一交点处。

功能：本穴属督脉腧穴，具有醒脑开窍、回阳救逆的功效。

主治：昏迷、晕厥、癫痫、小儿惊风等。

（十）内 关

定位：在前臂掌侧，腕横纹上约 7 厘米，掌长肌腱与桡侧腕屈肌腱之间。

功能：本穴为八脉交会穴，善治内脏疾患。针刺或指压本穴可开窍醒神，理气强心，和胃止呕。

主治：癫痫、癔病、厥脱。可改善心脏功能，调整脑循环，调整血压。

陈式太极拳的刚与柔

太极拳的刚柔，在陈长兴、陈鑫《拳论》中，已有详尽精辟的论述。但有些太极拳习练者对它的内容把握不准，未能正确理解，致使在太极推手中出现如牛相抵的现象。大多数人都以拙力相持，不知“己根欲固，彼攻愈烈，自然之理也”，与太极拳以柔克刚、刚柔相济之理相悖，背道而驰，失去太极拳不丢不顶、内外浑然一圆之根本。为此下面就太极拳的刚与柔谈一点自己的看法与体会，供太极拳爱好者参考。

什么是太极拳的刚柔?简言之，“刚”就是以腰为轴，利用太极拳的缠丝劲，牵动丹田充溢的内气，在瞬间发出的爆发力，亦称弹簧劲。这种劲是通过长时间周身放松、拉长，用柔缓的动作在去僵求柔中练出的先天自然之气（丹田之气）所产生的，并非后天之拙力。“柔”，《拳论》讲“运动之功久，则化刚为柔，练柔为刚，刚柔得中，方见阴阳”。可见柔并不是松软，而是去一份拙力、蛮力，得一份柔劲后的缠丝劲。此为太极拳的精髓，非千锤百炼、天长日久，不易轻得。

太极拳的初级阶段，动作讲究缓慢，姿势要求柔软，往往给不知道太极拳理论的人造成一种错觉——“太极软绵绵的，是老年人练的，只是花拳绣腿，根本不能用于击技”。要知道柔软只是练太极拳的手段而已，不是它的终极目标。这和练“一指禅”“单掌击石”等功夫，一开始就让你静坐、站桩聚敛内气是一个道理，功成后的威力不言而喻。

太极拳的练习，第一步就要去僵求柔，彻底摧毁人体长期养成的拙劲、蛮力。例如人要拿起一个重物，就得用拙力，日久就养成了鼓劲拿重物和举重的习惯。鼓劲实际上是努劲，在太极拳术语中就叫拙劲。在太极拳练习中，起步就要求身体放松，动作慢、缓、柔，因为只有这样才能使全身放长产生弹簧劲，才能引动体内之真气，使内气鼓荡于周身。

怎样才能达到这种程度?

陈鑫《拳谱》规定:“虚领顶劲，气沉丹田；含胸塌腰，沉肩坠肘；松腰圆裆，开胯屈膝；神聚气敛，身手放长。”

虚领顶劲、气沉丹田首先让人们在意识上通过相反方向的拉开，使身躯有放长的感觉；进而又让人们顶劲虚领，松胯塌腰，使背部得以拔长；沉肩坠肘、松腕，实际上从肩与肘的放长、肘与腕的放长使整个手臂得以放长；开胯屈膝是腿部的放长。每个人都知道，前臂、上臂、小腿、大腿是由骨骼组成的，没办法拉长，但连接它们的腕部、肘部、肩部、胯部、膝部等关节处都是筋连接的，为何能拉长?通过有形的拳架动作套路，以一念代万念，达到心静如水、意气平和，放松的动作配合呼吸，意到气到，才使身体产生拉长的感觉。随着动作姿势的规范化，引得丹田之气愈来愈足，这种拉长、发胀、发麻、发沉、如灌水银的感觉越来越明显。

劲为何物?劲是内气充足在外的表现，这种劲不是拙劲，而是外似非常缓和、柔绵的拳势引得的内气散布于身体四肢的鼓荡。因此古人把通过规范的拳架加上意念，配合呼吸，引得体内先天真气（丹田之气）在身体各部位鼓荡的过程，叫炼铁成钢的过程。“极柔软，然后极坚刚”“外操柔软、内含坚刚，常求柔软之于外，久之自可得内之坚刚，非有心之坚刚，实有心之柔软也”。由此可以说专气至柔只是一个练拳的过程，不是太极拳的最终目的。

谈太极拳的刚与柔，实际上是谈太极拳的阴与阳。从太极图可以看出:

（一）太极图是一个圆，圆中的正余弦曲线把一个圆分成面积相等的两部分，像鱼的形状，命其名为阴阳鱼。“五阴并五阳”的阴阳鱼组成了环环不已的太极图，阴鱼代表阴、柔；阳鱼代表阳、刚。从阴鱼的尾巴开始随着柔的增加，到极柔时，阳鱼的尾巴又出现了。柔极才产生刚，所以练太极拳第一步要求是去僵求柔。

（二）把循环无端的万物之理用圆圈表示，阴鱼的眼睛属阳，阳鱼的眼睛属阴，在拳中表示刚中有柔，柔中有刚。

陈鑫把刚与柔的划分运用于技击方面的攻击力大小，应用太极拳原理这样说："一阴九阳根头棍，二阴八阳是散手，三阴七阳犹觉硬，四阴六阳类好手，惟有五阴并五阳，阴阳不偏称妙手。"说明只有阴与阳相等，即五阴并五阳、刚与柔相济时，拳才合于太极，方可称太极拳。在此之前，实属软拳或硬拳。真正的太极拳功夫是经过练刚致柔、柔极生刚、刚极又生柔、刚柔成半、刚中有柔、柔中有刚的浑然太极境界。所以要真正弄清太极拳的刚与柔，就要弄清此拳为何称为太极拳，只有明白了太极拳的含义，才可以明白太极拳的刚与柔。

之所以称其为太极拳者，在拳架的一招一势、一呼一吸、一开一合的动作中，都寓示着阴中有阳、阳中有阴、阴极生阳、阳极生阴，阴阳互为其根、不可分为两半的自然规律。"里往外开者皆属阳，外往里收者皆属阴，故凡外击者为阳，内引者为阴。拳势内，外开者蓄而不发，内收者引而不击，而击搏之劲自然藏于引进之中。惟其如此，故愈练而愈精密细巧。刚柔互运，虚实渗透，久练纯熟，无端绪之可寻，无迹象之可指，斯为得太极之真谛"。

太极拳每一势的定势，是柔到刚的终止点。从呼吸和发劲而言，此处一般都以音助外呼气，发劲；从动作形体而言，此处表现为六合状态；从速度而言，此处较快，属刚。由上势转下势的过程，是转关折叠柔运的过程。从呼吸和发劲而言，此处一般都以吸气为主，蓄劲；从动作形态而言，此处表现得较柔、较慢，是开的过程。从柔到刚、从刚复柔在螺旋式缠丝运动的辅助下，手法上遇到往复时，要嵌进折叠；步法上遇到进退时，要嵌以转换；在开合、收放时，要有收即是放和放即是收的意和劲，相连不断，往还无端。不只拳如此，其实世间万事万物都沿正余弦曲线呈波浪式涌动前进。

之所以称其太极拳者，太极拳十三势完全合乎太极八卦五行图。手法上的四正（属阳）掤、捋、挤、按与八卦图中的坎、离、震、兑四正方相合；四隅（属阴）采、挒、肘、靠与八卦图中的乾、坤、艮、巽四斜角方向相合。步法上的进步、退步、左顾、右盼、中定与金、木、水、火、土五行相合。一招一势，均不外乎阴阳，所以命名为太极拳。

刚柔相济的太极拳功夫反映在技击上，则完全是一种大将风范。“人不犯我，我不犯人；人若犯我，我必犯人”。到“五阴五阳”的功夫时，人完全像一个皮球，只要你推得轻，它就回得轻，如果你拼命狠推，它的反击力就越大，你受到的打击愈重。究其实质而言，皮球里面只是一气而已，外面是橡胶。人为何也能如此?长期的太极拳运动，引得内气鼓荡于四肢，柔极生刚所致。大家看到过满载几十吨货物的汽车，支撑它们的只是轮胎，轮胎可是圆的。轮胎里面是钢筋还是水泥?不是，只是空气，是靠气来行持牵动如此重的货物运行。火车力量当然大。却也是由水蒸气为动力，用圆轮来载动那沉重的货物。所以太极拳讲究“立身中正”圆活的自然身法。太极拳似水，水极柔又极刚。水可使山岳成平地，水可使高楼大厦成泥沙。太极拳似风，风能说不温柔?但刚起来可以使一座城市霎那间成一堆废墟；也可使世间万物无影无踪。这就是柔中寓刚，柔极生阳之理。

练太极拳难在刚柔的准确把握上,此拳不可以柔名,日久恐流于滑拳也，亦不可以刚名，日久恐流于硬拳也。难在刚柔相济的“中和”上。“运动之功久，则化刚为柔，练柔为刚，刚柔得中,方见阴阳。故此拳不可以刚名,亦不可以柔名，只以太极之无名名之。”

刚与柔是太极的阴与阳，刚与柔是太极拳的灵魂，刚与柔是太极拳的精髓。习练太极拳抓不住刚柔相济的特点，一切的一切都将是无木之木、无源之水。

论陈式太极拳的放松与发劲

引　子

目前太极拳在全球的发展如雨后春笋，遍地开花。在对外开放这个大的方针政策下，随着我国经济的高速发展，文化体育交流活动的日益频繁，尤其是北京申奥成功，给武术提供了进入奥运的大好时机。而在众多的武术派别中，以独特的风格代表了中华民族优秀传统文化的太极拳，正以她丰富的文化内涵，以及修身养性、强身健体、防身自卫、陶冶情操、娱乐艺术享受于一体的良好作用，逐步被世界人民所喜欢。参与太极拳运动的人数日益增多，其中不少人对陈式太极拳的舒展大方、步法稳健、行如流水、连绵不断、刚柔相济、快慢相间、松活弹抖的独特风格情有独钟。但据我二十余年在国内外访问交流、传拳授艺的经验了解，很多人对陈式太极拳的放松与发劲了解不多，感受也不深。以下是我多年来在练功教学过程中的一点感受和体会，现介绍给大家，希望能对广大太极拳爱好者的练功起到些帮助和启迪。如有不到之处，请同好者指正。

一、陈式太极拳的特性

大家知道，陈式太极拳的风格特点是：架势舒展大方，步法轻灵稳健，身法中正自然，内劲统领全身，以缠丝劲为核心，动作以腰为轴，节节贯串，一动则周身无有不动，一静百骸皆静，运动如行云流水，连绵不断，发劲时松活弹抖，完整一气。

练习时要求：虚领顶劲，立身中正，松肩沉肘，含胸塌腰，心气下降，呼吸自然，松胯屈膝，裆劲开圆，虚实分明，上下相随，刚柔相济，快慢相间；外形走弧线，内劲走螺旋，以身领手，以腰为轴，缠绕圆转，逐渐产生一种似柔非柔、似刚非刚、极为沉重而又极为灵活善变的内劲，如棉花裹铁，外柔内刚。整套拳没有平面，没有直线，没有断续处，没有凸凹处，没有抽扯之形，没有提拔之意，浑然一圆，方为合格。以旋腕转肩、旋腰转胯、旋踝转膝，以及胸腰折叠，形成一套从头到足、连绵不断的空间曲线运动。

二、陈式太极拳对放松的理性与目的及放松状态下的发劲

练习太极拳时要求松、柔、慢，这是太极拳练功的独特的方法与手段，而不是目的。目的是通过放松、柔和、缓慢的练习方法，突破去僵求柔的过程，达到疏通经络，引动内气，使内气与外形相机地结合起来，以意行气，以气运身。气到时，形是随气而动，气不到，形是寂然不动。逐步将内气充实、壮大、饱满，也就是丹田气充实，才会“大河有水小河满”，将内气渗透到四肢百骸，循环不已，才能起到强身健体、防身自卫的作用。太极拳追求的是先天自然之气，返璞归真；应放弃后天之气和僵劲拙力。

什么叫后天之气、僵劲拙力？就是人刚出生后，脱离母体，为了生存长大，劳动生产需要所吸收的水谷之气产生的一种力量，叫后天之气，也叫僵劲拙力，这种力是学太极者必须舍弃而不取的。认识得越早，放弃得越快，才能及早得到先天自然之气。

怎样才能放松，去掉僵劲拙力？就是在练习时要求：松肩沉肘，松胯屈膝，肩部、背部、腹部、肋部肌肉均要松弛下沉。以单

鞭为例：头顶的百会穴，右手腕顶部和左手中指端这三个部位向上领劲，其余部位全部松弛下坠，呼气放松，才能感到丹田饱满，四梢气充足。如在这种状态下练发劲，如掩手肱拳一势，旋裆转胯，缠腿转腰，一瞬间将丹田之内气贯到前拳后肘，真正体现出陈式太极拳发劲的松活弹抖，完整一气。

要求周身放松，是为了将内气顺利达到梢节，尽量在中途减少"气损"。就好比电学里的导电原理，用铁丝导电与用铜丝导电的差别一样，其效果是截然不同的。

三、陈式太极拳的放松及在放松状态下发劲所产生的效果

如果掌握了陈式太极拳的松柔缠绵，稳健中舒，内气充盈，周身就会产生一种强大的生物电磁场，所以身上出现了一种灵感，使人触觉灵敏，行动速度加快。如达到这个阶段所产生的效果有三：

1. 从健身角度讲，周身放松，肌肉松弛，呼气下沉，可迅速恢复大脑的神经疲劳，振奋精神，使精力充沛；肌肉放松，可加强皮肤弹性，润肤美容；骨节可得到柔和圆转的锻炼，可增强骨质密度和柔韧性，延缓骨骼退化衰老。总之，通过放松柔和的运动练习，对身体的神经系统、消化系统、循环系统、肌肉骨骼均能起到良好的保护和加强机能的作用，从而实现真正意义上的强身健体。

2. 通过周身肌肉放松的太极拳运动，可增强灵感，提高速度，缩短肌肉紧张到恢复正常放松的时间。1986 年 12 月在四川成都举行的首届太极拳名家研讨会上，四川成都体育学院、四川省体育科研所、解放军驻四川科研单位共同在我的堂兄陈小旺和我两人的身上进行脑电图、心电图、肌电图测试，在正常运动和陈式太极拳二路爆发力练习过程中测试到：陈式太极拳的运动量、强度都较大，但恢复正常很快。尤其是肌电图测试，在陈式太极爆发力一瞬间，

全身肌肉紧张到放松恢复正常只有 0.015 秒钟！所以陈式太极拳的爆发力的速度和肌肉放松是非常快的，它所产生的是速度的力量，而不是僵劲拙力。

3. 通过陈式太极拳螺旋缠丝的放松练习，在应用过程中就自然表现出三种力：旋贯力、化解力和穿透力。这三种力，我在“论陈式太极拳缠丝劲”的文章里已详细讲解过，这里再简单介绍一下。

通过持久练功，使内气充盈，在此基础上，陈式太极拳螺旋缠丝劲在技击时就有三种表现：一种是受到外来侵力的冲撞时，用不失掤劲的“旋贯力”将力点化解。若其余力未尽，再加力相助使其扑空栽倒。若对方感到力点被化，随即回抽时，就马上转劲跟上加力打回劲，使其跌出，此为引进落空合即出之法。另一种是进击时的旋转“穿透力”。就是借机发人时，将周身之力集中一点，快速旋转加力，如子弹离开枪膛的来复线，有穿透之威力。其三就是“化解力”。在被人擒拿控制时，顺其劲别螺旋缠绕，避实就虚，无孔不入，将对方劲力化解，并能顺劲制人。

通过以上介绍，相信大家对陈式太极拳的放松与发劲已经有了更深一步的认识，这样，在今后的练功过程中定能起到事半功倍的作用。

第六章　陈式太极拳与健康

陈式太极拳预防骨质疏松有奇效

陈式太极拳是我国武术文化的一朵奇葩，其拳理博大精深。其对人体的作用，也越来越受到医学界的重视。香港中文大学最近的一项研究发现，虽然太极拳在锻炼肌肉方面可能不及其他负重运动，但由于其属于有氧运动，故其在提高心肺活动功能、舒缓精神压力方面有相当的功效，并可防止骨质疏松。

所谓有氧运动，顾名思义就是在有氧代谢状态下做运动，长时间进行运动（耐力运动），使得心（血液循环系统）、肺（呼吸系统）得到充分的有效刺激，提高心、肺功能，从而让全身各组织、器官得到良好的氧气和营养供应，维持最佳的功能状况。所以，有氧运动一般是指长时间的（大于 15 分钟，最好是 30~60 分钟）慢跑、游泳、骑自行车、步行、原地跑、太极拳等。

而静力训练、举重或健身器械、短跑等运动称之为无氧运动。尽管它们能够增强人的肌肉及爆发力，但由于它们不能有效地刺激心、肺功能，其健身效果不如有氧运动。

长期坚持有氧运动能增加体内血红蛋白的数量，提高机体抵抗力，抗衰老，增强大脑皮质的工作效率和心肺功能，增加脂肪消耗，防止动脉硬化，降低心脑血管疾病的发病率。减肥者如果在合理安排食物的同时结合有氧运动，不仅减肥能成功，并且减肥后的体重也会得到巩固。有氧运动对于脑力劳动者也是非常有益的。另外，有氧运动还具备恢复体能的功效。

这项报告称，练习陈式太极拳后，运动者的血压及脉搏减慢，而且陈式太极拳强调有氧呼吸运动，又能增加关节的灵活度，对预防骨质疏松症或改善骨质疏松者的生活质量很有帮助。

太极拳与中国医学的阴阳学说同出一理，与中医学同承一脉，故“拳名太极，实无极自然之运行，阴阳自然之开合也”。太极拳虽类归武术，却体现了中国传统医学治病思想，在传统的养生学中占有十分重要的地位。

专家称，骨质疏松是老年人易患的疾病。进入中老年以后，人的骨密度逐渐下降，这种下降在女性绝经后明显加速，因此女性骨密度比男性低，而男性骨质疏松的危险性比女性高。相关研究发现，练习 6 个月太极拳，能减低负荷肢体（胫骨）的骨矿物质丢失率，有效减低骨折的发生机会，另外，练习太极拳能显著改善肌肉力量及柔韧性，从而达到防治骨质疏松和预防由于摔倒而引起的骨折。常年从事太极拳运动，可对骨骼肌肉运动系统形成良好刺激，有效减少体内骨矿物质的自然丢失，使骨密度多年保持稳定，有效调节骨钙、血钙平衡。

洪昭光所著《让健康伴随着您》称，美国老年体育协会专门做过研究，分两组老年人，一组在健身房锻炼，天天练肌肉；另外一组打陈式太极拳，对比结果发现，练拳的这组平衡功能好，脑子好，走路不跌跤，跌跤骨折减少 50%。最后，美国人得出一个结论：非常佩服中国人的智慧，太极拳比现代化的器械效果好得多。

专家称，太极拳练习强调“先在心，后在身”的意识作用，注意“心静”和“体松”两种基本方法。“心静”就是在练拳时思想上尽量排除一切思虑杂念的干扰，无论动作简单或复杂、姿势高或低，心理上始终保持安静状态。“体松”就是周身协调，全身的肌肉关节、韧带和五脏都处于自然舒展状态。

美国拟全国推广太极拳 称其是一项完美无缺的运动

美国国家健康研究所日前进行的一项研究显示，中国太极拳这一古老的强体健身方式能够有效缓解诸如纤维肌痛等一些慢性肌肉损伤疾病的症状。

美媒 8 月 21 日报道称，太极拳这一讲求身心合一的运动将锻炼和冥想完美地结合在一起，修炼者在一系列固定的套路中柔缓地移动身体重心，调整自己的呼吸，如此循环往复，构成如流水般顺畅的动作。

美国国家健康研究所的医生介绍，纤维肌痛病人通常的症状有疼痛、僵硬、易疲劳等，这种病在中老年人中比较常见，而参与此次研究的也多是平均年龄为 50 岁的妇女，并且大多数都超重。

最终研究结果显示，课程结束后，有 79%的太极拳练习者切实感到他们的病痛减轻了，而只有 39%的“健康教育”课程学员认为他们的症状有所好转。太极拳学员还报告说，他们的情绪、睡眠、生活质量以及锻炼能力都有了进步。

哈佛医学院博士格罗利亚·叶建议应该开展一个更大规模、更长时间的研究，组织多名老师在多个地点开展，或者还可以与瑜伽等其他治疗方法作比较，以真正了解太极拳的益处。

对此，美国国家健康研究所的科学家表示，太极拳几乎没有缺点，没有任何副作用，每月 50 美元的费用与其他锻炼方式相比也是很经济的，应该在全国范围内推广。另据该所 2007 年的一份统计数据，2006 年全美共有 230 万人练习太极拳。

太极拳抗身体衰老的方方面面

“拳其于易，理成于医”。太极拳与中国医学的阴阳学说同出一理，与中国医学同承一脉，故“拳名太极，实无极自然之运行，阴阳自然之开合也”。因此，太极拳虽类归武术，但却体现了中国传统医学治病思想，在中国传统的养生学中占有十分重要的地位。太极拳是防患于未然、防疾于未然的自我摄生调理的保养，其重在“养”。“养”是自我调理，自我呵护，舒筋活血，开穴顺气，以增强人体系统内部和谐有序的有机性，使人体处于一种“维生”的功能状态。

伴随着现代医疗条件的不断改善和进步，现代社会生活的不断提高和丰富，怎样依靠自身积极的身体活动，推迟个体衰老，提高生命质量，延年益寿，已成为具有普遍社会意义的衰老生物学问题。太极拳抗老祛病、延年益寿的功效，在于它所特有的“内外合一”的阴阳平衡的辩证观。以及“心与意合，意与气合，气与劲合”。“以心行气，以气运身”的运行操作机制。

太极拳对老年人抗衰老的影响表现在很多方面：

1. 对血管系统的影响

许多研究证实，太极拳锻炼能延缓心血管机能的减退，提高血液系统的功能，尤其是增强免疫功能。对于增强机体抵抗力，延缓衰老有一定的作用。

心脏的泵血功能是心脏最基本的功能，心率和血压是反映心血管机能的重要指数，进行 10 分钟以上的太极拳练习后，心律为 120 次/分左右。因此，它是一种中低强度的运动，能有效地提高中老年人的心血管系统机能。

国内研究发现，太极拳练习后恢复期内舒张压低于运动前水平。由于舒张压影响冠脉血流，运动后舒张压下降对于心肌的供血具有重要意义，运动后即刻收缩压上升幅度不大，恢复期内有所下降，但维持较高的脉搏压差，这说明太极拳可以减少外因阻力，改善周循环。尤其是舒张压较低对冠状动脉血流的心肌供血具有重要意义，特别是对高血压患者具有良好的保健效果。

另外太极拳很多姿势要求“气沉丹田”，这是一种膈式呼吸。膈肌与腹肌的收缩与舒张促使腹压不断改变。促进血液回流，改善血液循环状况，加强了心肌营养，对机体是一种良性刺激。

研究发现练习太极拳后，左心室收缩末期内径（ESD）减小，缩张末期内径（EDD）增大。根据 Staring 定律：心脏收缩产生的能量是心肌纤维长度的函数，随着 EDD 的增加，舒张末期容积（EDV）亦增加，必然引起心肌纤维初长度的增加，从而使心脏收缩力加强，有利于血液的排出。

2. 对老年人骨密度的影响

人进入中年以后，骨密度逐渐下降，这种下降在女性绝经后明显加速，因此女性骨密度比男性低，而男性骨质疏松的危险性比女性高。经 6 个月太极拳练习，确能减低负荷机体（胫骨）的骨矿物质丢失率，有效地减低骨折的发生机会。另外，练习太极拳能显著改善肌肉力量及柔韧性，从而达到防治骨质疏松和预防由于摔倒而引起的早老性骨折的目的。常年从事太极拳运动，可以对骨骼肌肉运动系统形成良好刺激，有效地减少内骨矿物质的自然丢失，使骨密度多年保持稳定，有效调节骨钙、血钙平衡。

练习太极拳有利于提高老年矿物质含量和骨密度，这可能是由于血液向细胞介质-6（1L-6）含量降低，减少骨的吸收和降低骨转换率。从而降低血清骨钙素（BGP）水平，有效地预防老年性骨质疏松症。

3. 对老年高血脂症和抗氧化能力的影响

血脂作为心血管病的一项重要监测指标受到越来越多的重视。高血脂症患者过氧化脂质水平增高与冠心病发病率成正比，高血脂症患者伴有脂代谢紊乱，其特点是：血浆甘脂（TG）、总胆固醇（TC）、低密度脂胆固醇（LDL-C）和载脂蛋白 BCAPO-B 浓度升高，高密度脂蛋白胆固醇（HDL-C）和载脂蛋白 A（APO-A）浓度降低。

国内研究报道，练习太极拳能使中老年人血液 TC、LDL-C 水平显著下降。常年坚持太极拳运动可调节脂类代谢，降低血糖，增加 HDL-C 及 HDL-C/TC 比值。而血浆 HDL 含量与冠心病发病率成反比。太极拳练习可使血液非酶抗氧化能力显著提高，对改善老年人的血脂代谢、提高机体供氧能力、延缓衰老有着积极的作用。

4. 对老年人修心养性的功效

现代社会流行许多的文明病，并非全是病原性所致，而是与现代人的生活态度、生活内容、生活方式有着很大的关系。医学心理研究证实，不仅生理或病理能影响心理，而心理也能影响生理或病理。也就是说，人的不良情绪和个性能诱发多种疾病。老年人因退休而心烦意乱、郁郁寡欢、烦躁不安，出现心理失衡，加之机能日趋衰退、反应迟钝、多病欠安，引发对生的留恋和对死的恐惧，给老年人心理造成极大的压力。因此，老年阶段，更能感受到生命的意义，更能体会到身体健康的重要。单纯参与健身以期延年益寿，而不重视健心以及修身养性，是很难达到安度余生、颐养天年的目的的。所以对于老年人一定要在观念上用内涵丰富的健康取代目标单一的健身，并在运动内容和形式的选择上，既要注重适合老年人生理特点，也要注重适合老年人心理特点。

太极拳独特的圆滑连贯、轻柔沉着的身形，不急不躁、不张不狂的心静，气沉丹田、以心行气的气敛和朴实无华，使其对老年人不仅有抗衰祛病、延年益寿的健身功效，还具有调整心态平衡、修身养性的健心功效。

老人练太极拳可防摔跤

俗话说：“吃饭防噎，走路防跌。”老年人易患骨质疏松和心血管病，不慎摔跤的话，轻者伤筋伤骨，重者卧床不起。如何防摔跌，太极拳是较为理想的运动项目。

习拳者要达到“身躯宜中正而不倚，脊梁与尾闾宜垂直而不偏”。古书有传，拳术精湛者头顶碗水、书本而不溅出和翻落。说明姿势中正的习拳者能始终保持身躯平衡，久而久之，任凭风吹雨打，也不前俯后仰、东摇西摆。

“太极拳以静御动，虽动犹静，故架子慢比快好”，这话说的是太极拳缓慢的特点，也道出了防跌的功能。太极拳动作如抽丝，行步如猫行，小心翼翼，步步为营，久而久之，习拳者自会养成谨慎小心的良好习惯，如遇危急也不慌张急躁。有了良好的心理素质与习惯，行路处事也就轻盈自如。

特别要强调“太极拳术以分虚实为第一义”。正如人的走路，左脚实则右脚虚，右脚实则左脚虚，一前一后、一虚一实，迈步前进。习拳者久经锻炼，更能应付紧急。如前脚踩于香蕉皮，必然打滑虚空，后脚坐实，就如树根紧扎大地不为所倒。再有，久练太极拳者拳架忭低，根据物理重心低则稳，就更不易摔跌了。

有一资料说：美国老年协会曾作对比试验。一组老年人练健身房器材，另一组则练太极拳，结果后者平衡功能好，脑子好，走路稳健，摔跤骨折比前者减少50%。最后，美国人得出一个结论，说非常佩服中国东方人的智慧，不花钱或少花钱的太极拳比投入较大的现代化器械的锻炼要好得多。

青少年练陈式太极拳的益处

调查显示，许多现在疾病缠身，陷入孤独的老年人在青少年时期要么体质较弱，要么没有养成和谐自然的健康心理，遇不得意常郁郁寡欢，以致在晚年陷入无边的寂寥与病痛中。也就是说青少年时期的身心健康与老年后的生活快乐与否有着密切的关系。所以，对于青少年尤其是儿童的身心健康的关注是不可忽视的。

一方面，从青少年生理发育阶段来看，合理而正确地在孩子青少年阶段安排具有全面锻炼性的运动项目，对于促进青少年的生长发育，增强其体魄，优化其形体，养成正常的姿势和气质，进而平衡身心、发展非智力因素有着非常重要的意义。当然，由于青少年体格尚未发育完全，对于外界的突然刺激抵抗力较差，因此一些对抗过于激烈的运动项目极容易损伤儿童正在发育的体质，造成后天发育畸形，这一点是需要注意到的。

另一方面，从青少年心理成长的角度讲，在这一阶段体育运动项目的选择对其日后的心理发展也会产生很大的影响。因为不同的体育项目侧重点不一样，譬如目前看起来很“火”的跆拳道长期以来盲目推崇腿部的训练，而拳法几乎为零，更不要说摔法，致使不少习练跆拳道的青少年陷入“一腿扫天下”的认识误区，盲目的好勇斗狠，结果害己不浅。更有不少习练跆拳道的女孩子放弃了全面性的训练项目，从而导致腿部像水桶般粗壮，实在影响形体美。

纵观现在流行的各种热门运动项目，习练陈式太极拳，不论对于培养孩子全面发育的健康躯体，还是养成其和谐自然的心理气质，都无疑是最佳的选择。其益处主要表现在以下两大方面：

一、生理益处

陈式太极拳结合了传统导引、吐纳的方法，着重练身、练气、练意三者之间的紧密协调。练习时一方面可锻炼肌肉，舒筋活络；另一方面又能透过呼吸与动作间的相互配合，对内脏加以按摩锻炼，达到强身健体的作用。其好处主要表现在：

（一）增加神经系统的灵敏性——练太极拳要“心静意定”，练拳时必先令大脑皮质休息（心静），将协调全身内外器官机能的任务交由中枢神经系统（意定）执行，加强了神经系统的灵敏性。这一点对于克服青少年尤其是儿童的烦躁、多动、注意力不集中的不良习惯具有重大意义，使其在学习和考试时更能沉得住气，不急躁，不粗心。

（二）畅通经络、血管、淋巴及循环系统——因练太极拳的时间不会太短，故能像一般的带氧运动一样，能使血气运行顺畅。练了若干时间，会察觉有手指发麻发胀、关节微响、针刺、腹鸣等感觉，中国医学理论认为这是经络畅通的反应。透过搂拗屈膝绞转等运动，动脉血管得到适量挤压及放松，能使血液加速运行，增加氧气的供应，也促进了淋巴系统的新陈代谢，加强了个人的抵抗力。这一点尤其在培养孩子坚持力的同时给其大脑加氧充电：科学家指出，大脑用氧占全身的 70%，习练陈式太极拳通过意守丹田，呼吸、吐纳，解除大脑疲劳，刺激大脑兴奋，补足大脑氧气，让青少年增强记忆，迅速扎实。

（三）改训柔韧度、肌力及肌耐力——太极拳多以慢速走圆及弧，配以屈腿半蹲式运动，加上重心交替变换，运行动作又多搂、拗、绞转，使各肌肉的肌力及肌耐力得以提高；再配合多方向及大幅度之活动如下势、蹬脚等式子，能改善各关节的柔韧度。这一点能很好地塑造青少年优美的体姿和身型。

（四）提高心肺功能——练太极拳要保持呼吸自然沉实，透过深、长、细、缓、匀的腹式呼吸方法，增加胸腔的容气量及递增了吸氧呼碳的次数，确保气体能充分交换，相对地提高了各器官的获氧量。又因练太极拳时间较长（连打陈式太极拳老架一路约需时十多分钟），此等带氧性活动能训练及提高心肺功能。

（五）治疗慢性消化管道疾病——因练拳时各关节、肌肉、骨骼会相互牵引、绞缠、挤压和舒张，内脏又因腹式呼吸（腹实胸实）而产生自我按摩的作用；加上横膈膜的上下升降幅度增大，对肠的蠕动有正面的刺激作用；而练拳时的舌顶上腭，唇齿轻闭能增加唾液的分泌，提高了消化功能。这一点对于增进青少年饮食，养成不挑食的好习惯，进而促进其身体健康发育具有莫大的益处！

二、精神益处

（一）消除压力——练拳时因要“心静用意，心无杂念”，又要体松，精神只集中于“意”上，加上太极拳本身要求刚柔并重，呼吸协调，各器官的获氧量相对提高，故练后使人顿感轻快，压力尽消，情绪稳定平伏；又因练拳后血气循环畅旺，精神亦抖擞起来，工作学习效率自然提高。这无疑对日常学习生活紧张、精神压力沉重的青年人尤其是儿童有着正面的帮助。

（二）养成和谐自然的心理习惯——陈式太极拳提倡身心和谐，不强己所难，内外相合、虚实分明、刚柔互兼。正所谓“静中触动动犹静”，这种讲求和谐自然、顺应规律的哲学对于青少年正确地认识社会和融入社会，而非好勇斗狠有很大的帮助。

（三）认识不以强凌弱、不借故犯人之道德观——太极拳论所说之“舍己从人”，彰显了太极拳“人不犯我，我不犯人”的独特武学精神。太极拳提倡借力打力，以小力胜大力，一切回击纯顺应对方来势，以灵巧的动作，较小的力气加诸其上，使来犯者失准而落败。故太极拳的真正威力，只有在被人蓄意侵犯下才发挥出来，其终目的也只是“立自己于不败之地”罢了，绝无加害对方之意！现在社会竞争日益激烈，青少年也被过早成人化，如何使孩子在将来的学业生活事业中立于不败之地，是许多家长所关注的。这一点足以使青少年在步入成年后能够保持安常处顺的健康心理，有助于其取得事业学业的成功。

（四）了解修身处世之道——修习太极拳要讲求“中正安舒，心静体松”，这八字真言正好是我们立身处世的最佳座右铭。透过练太极拳，青少年可以体会到立身不正之弊：劳劳终日而不得其所。做人只要“中正”，不走歪路，不偏不倚，就可感“安舒”之态；平日只要学会“心静”，抛开生活压力的负担，就能体验到“体松”之感。

相信有着三百多年传承历史的陈式太极拳一定能很好地为我们的广大青少年的健康成长保驾护航，使他们走向成功！

太极拳对健康的影响

北京医学院早在上世纪 60 年代就发表了《从医学看太极拳》的文章，他们对练太极拳的老人组和不练太极拳的老人及敬老院的老人组，进行了系统的医学检查和对照比较。结果证明，在体格发育，心脏血管系统、呼吸系统、骨骼系统的结构形态与机能情况等各方面，练太极拳的一组指标好，老年性变化的程度也低。

体格发育方面：练太极拳的老人肌肉都比较发达，肢体围度也粗，臂力和握力大，肺活量高。老年性脊椎畸形（驼背、脊椎侧弯）在太极拳组较少。

心脏血管系统方面：经过心电图、心脏 X 光照像和负荷前后血压、脉搏变化的检查，除心脏测量大小两组没有明显差异外，其他项目都是太极拳组比对照组的指标好。

骨骼代谢方面：因为老年人身体各器官逐渐衰老，骨骼方面特别明显，如脊椎骨变得松软，长出许多骨突增生，甚至形成骨刺，严重的就形成驼背、腰痛。经过 X 线照像，发现太极拳组老人的脊椎间隙比对照组的老人宽，椎体骨刺少，脊骨松软程度和压缩变形的人比较少。

从以上的检查结果可以看出，练太极拳对于人的心肺、血管、骨骼方面都起着良好的作用。对于两组的神经系统虽然没有进行检查，但是因为练太极拳时需要注意力高度集中，不存在杂念，可以使大脑很好地休息。通过实践可以肯定地说，练太极拳对于人的神经系统一定起着良好的影响。

最近上海医科大学附属华山医院研究证明，太极拳运动对老年人的内分泌系统有良好影响。尤其是在对代谢和衰老进程有重要影响的垂体——甲状腺轴和垂体——性腺方面有明显的改善作用。长期锻炼太极拳能使他们垂体分泌的某些促激素的代偿能力进一步加强。由于练拳对不同的内分泌轴和不同层次的内分泌腺体都有作用，因此推测太极拳是通过对垂体或更高的内分泌中枢的调节而改善了靶腺功能，继而对机体代谢产生积极的影响。可见下丘脑——垂体——淋巴腺之间，存在着相互依存、互相制约、相互调节、相互联系的密切关系，既矛盾又统一，调节着人体内环境的相对稳定性。

从以上列举的研究课题来看，也是从低级到高级、从浅而深的对阐明太极拳的作用机理，提供了有价值的检查和实验依据，对整理和提高传统的保健——太极拳积累了重要资料。这就是祖国医学，很早就和传统的保健运动，紧密地联系在一起的，而今天的现代医学也已经开始对这珍贵的文化遗产、传统保健——太极拳重视了起来。有更多的国际友人喜爱这项运动，不少国家还成立了太极拳协会，到中国来访问。所以“生命在于运动”，运动应首推太极拳，因为它能推迟衰老，是保健长寿的很好锻炼手段。

太极拳的健身作用

说到太极拳的健身作用，用现代医学观点简言之，有以下5点：

1. 可以增强中枢神经系统的机能，改变神经系统的抑制过程。

练太极拳需要心静，并且十分讲究用意，这无疑对大脑有良好的训练作用。太极拳的动作完整一气，练拳中从眼神到上肢、躯干、下肢，上下照顾，毫不紊乱，前后连贯，绵绵不断，这是需要良好的支配和平衡张力。因此，练太极拳可以提高中枢神经的紧张度，活跃其他系统及其他器官的机能活动，加强大脑的调节作用，改善神经系统的抑制过程，这已为无数事实所证明。

2. 加强血液与淋巴的循环，减少体内的淤血现象。

太极拳的动作组成，包括多种肌肉、关节的活动，也包括有节律的呼吸运动，特别是横膈运动。这样，它就可以加强血液和淋巴的循环，从而减少体内的淤血现象。

3. 预防骨质疏松。

老年性骨质疏松是一种衰老的退行性变化，其原因主要是由于骨组织中成骨细胞不活跃，不能产生骨的蛋白基质，致使骨生减少，吸收多，骨质变松。骨质松就容易产生畸形，关节活动也就不灵活。而打太极拳要求动作连贯、圆活，周身关节贯串，使周身所有骨骼均能得到锻炼。因此，常练太极拳不但可以预防骨质疏松，还有一定的防老作用。

4. 促进体内物质的新陈代谢。

人体中血液担负着营养周身各组织器官的作用，心脏则是血液动行的动力。久练太极拳，不但可以促进心肌收缩力的加强，血液输出量的增加，从而提高心脏的工作能力，而且可以使内气畅通，有利于毛细血管内外物质的交换，促进各种组织对氧的利用率，减少肌酸的蓄积。所以，因人制宜，常练太极拳对慢性冠心病、高血脂症、动脉硬化症均有较好的防治作用。

5. 促进消化作用。

常打太极拳缓解失眠多梦

太极拳运动能够强身健体，同时，因为其在肢体运动的过程中能够调节体内环境，所以还能够用于失眠多梦等一类疾病症状的调理。有很多失眠患者反映，常打太极拳，不仅感觉身体健康了，睡眠质量也不知不觉提高了。

之所以出现这样的结果，专家分析，练习太极拳运动时，人的外表、肢体虽然在动，但其能通过意识诱导使大脑进入"清醒的抑制状态"，进入至静，即外物刺激对感官无作用，虽动犹静。练习过程中注意力高度集中，加之"用意"对大脑皮质有良好的调节训练作用，同时肢体、躯干的运动，内脏系统的内动都需要大脑在高度集中下支配，间接地对中枢神经系统起到良好的调节作用，从而提高中枢神经系统的兴奋性，活跃其他系统与器官的机能，加强了大脑皮质的调节功能。在这一系列强化过程之后，人们的神经功能得到改善，失眠多梦等病态症状自然得到缓解。

另外，《内经》中称"精神内守，病安从来"。太极拳运动是一种动静结合、身心合一、天人合一的运动。其动作连贯、圆活，周身节节贯穿，加之需要练习者有规律地均匀运气，全身肌肉、关节得到充分活动的同时，各内脏系统及组织通过氧气与二氧化碳的有效交换，吸取了充足的营养物质，起到了良好的保健作用。练习时，体内弥漫着温馨、宁穆、理智和神秘，给大脑皮质、中枢神经等各系统内脏组织以充分的营养，摧毁失眠多梦作用基础。

经过上述分析，我们可以认识到，太极拳运动因为能够切中失眠多梦的病机，所以才使得练习者在短期内取得养生治病硕果兼得的成果。

练功之后有六忌

“强度适宜、方法得当、安排合理”的运动有益健康，已被当今越来越多的练功者所认可、接受。然而，有些人同样运动适时定量，方式得法，但始终未得练功之益，反而被一些疾病缠身。究其原因，这多与练功运动后违背科学的做法有关。因此，练功运动后人们应注意到以下六个方面：

一、忌蹲坐休息。运动后若立即蹲坐下来休息，会阻碍下肢血液回流，影响血液循环，加深肌体疲劳，严重时产生重力休克。因此，每次运动结束后应调整呼吸节奏，步行甩臂，并做一些放松、调整活动，促使四肢血液回流入心脏，以利还清“氧债”，加快恢复体能、消除疲劳。

二、忌贪吃冷饮。运动往往使人大汗淋漓，随着大量水分的消耗，运动后总会有口干舌燥、急需喝水的感觉。然而此时人体消化系统仍处在抑制状态，功能低下，若图一时凉快和解渴而贪吃大量冷饮，极易引起胃肠痉挛、腹痛、腹泻，并诱发肠胃道疾病。

三、忌立即吃饭。运动时，特别是激烈运动时，运动神经中枢处于高度兴奋状态。在它的影响下，管理内脏器官活动的副交感神经系统则加强了对消化系统活动的抑制。同时，在运动时，全身血液亦进行重新分配，比较集中地供应了运动器官的需要，而腹腔内各器官的供应相对减少。上述因素使得胃肠道的蠕动减弱，各种消化腺的分泌大大减少，需在运动结束 20~30 分钟后才能恢复。如果急忙吃饭，就会增加消化器官的负担，引起功能紊乱，甚至造成多种疾病。

四、忌骤降体温。运动时机体表面血管扩张，体温升高，毛孔舒张，排汗增多。倘若运动后立即走进冷气空调房间或在风口纳凉小憩，或图凉快用冷水冲头，均会使皮肤紧缩闭汗而引起体温调节等生理功能失调，免疫功能下降而招致感冒、腹泻、哮喘等病症。

五、忌吸烟。运动后吸烟，吸入肺内的空气混入大量的烟雾，一方面除减少含氧量，不利还清“氧债”，难以消除机体疲劳；另一方面当人体吸入这样带雾空气，将影响人体肺泡内的气体交换，导致人体在运动后因供氧不足而出现胸闷、气喘、呼吸困难、头晕乏力等。

六、忌“省略”放松整理活动。实践表明，放松性的整理活动不仅可使运动者的大脑皮质兴奋性及较快的心跳、呼吸频率，通过适宜的放松徒手操、步行、放松按摩、呼吸节律放松操等恢复到运动前的安静状态，而且，还有助于恢复肌肉的疲劳感，减轻酸胀不适，并可避免运动健身后头晕、乏力、恶心、呕吐、眼花等不良现象。

运动+饮食+心情 拒绝“肝”扰三重奏

加强身体锻炼如散步、打太极拳、气功等有利于增强体质，提高免疫力。通过锻炼，机体内部调节功能加强，自身的免疫力逐步增强，对机体，对肝脏起保护作用。

适当运动增强体质

经常锻炼是护肝的最好办法。锻炼不仅可促进血流通畅，使肝有足够的氧和营养物质供应，而且可加速新陈代谢，起到保肝作用。

进行太极拳锻炼，可以使机体内部调节功能加强，自身的免疫力逐步增强，对机体，对肝脏起保护作用，同时，还可以增强机体各个系统的功能，对缓解肝炎患者的临床症状有积极的作用。

美味勿多食

暴饮暴食会引起消化液分泌异常，导致肝脏功能的失调。饮食要保持均衡，食物中的蛋白质、碳水化合物、脂肪、维生素、矿物质等要保持相应的比例；尽量少吃辛辣食品，多吃新鲜蔬果。避免吃油腻、煎炸的食物，因为这些食物刺激大，难消化。辛辣、油腻、煎炸的食物只会加重肝脏的负担。

营养要充足

肝细胞对多种营养素的缺乏十分敏感，尤其是优质蛋白和维生素的缺乏，会引起肝细胞的损害。所以日常生活中，要多吃富含蛋白质的瘦肉或鱼类、蛋类、乳类，还应多吃些大豆制品。冬菇、猴头菇和灵芝类食物有帮助肝脏解毒的作用，同时也能提高免疫力。

心情要舒畅

抑郁和愤怒等情绪因素影响内分泌调节，降低免疫功能，加速肝病恶化。中年人承受着来自工作、家庭、社会等多方面的压力，情绪常常不稳定，因此，要学会自我调节，努力做到心平气和、乐观开朗，这样才能调动人的主观能动性，提高机体的免疫功能。

健康提醒

在医生指导下用药。有相当部分的乙肝患者盲目追求“转阴”，会误信游医乱吃药，或以为护肝药吃得越多越好。由于大部分药物在肝脏代谢，部分药物服用后会引起肝脏不同程度的损害，滥用药反而会加重肝脏的负担。因此，一定要在医生的指导下用药。

练太极拳能治疗失眠

中医认为，练太极拳，能加强肾的藏精、保精功能，并能调节内分泌系统。因此，通过练太极拳，不仅能改善阳痿、遗精、腰腿酸软，也能改善体虚肾亏引起的失眠、多梦等症状，更能改善睡眠质量。

太极拳的练习，即“腹式呼吸”，通过腹腔压力的改变，使胸廓容积增大，胸腔负压增高，上下腔静脉压力下降，血液回流加速。由于腹腔压力的规律性增减，腹内脏器活动加强，改善了消化道的血液循环，促进消化道的消化吸收功能，防止便秘。科学研究表明，打太极拳时全身骨骼肌的周期性收缩和舒张，可以加强血液循环。更重要的是由于肌肉运动，可使冠状动脉反射性扩张，心肌毛细血管开放增多，氧的供给充分，心肌营养加强，收缩功能提高，同时全身皮肤、肌肉、内脏中储备的毛细血管网扩张，导致血压下降，可有效地防止夜间发生心脑血管急症。

练太极拳可以调整神经功能活动，使高度紧张的精神状态得到恢复，阴阳达到平衡。因此，通过练拳养神，能够治疗神经衰弱、健忘失眠、神志不宁等症。

可见，睡前练太极拳，既能有效地改善睡眠，又能防治多种疾病，是中老年人养生保健的上乘方法。

注：以上文章均来自陈正雷太极网（http://www.cstjq.com），根据要求，部分文字经过修改。

附　录

陈式太极拳使我战胜疾病重获健康

陈　彪

10年前，我曾受肩周炎、高血压、冠心病、高血脂、肾结石、便秘的煎熬，血压高达180毫米汞柱时，一周至少晕倒两次，240多斤的体重上二楼就喘不过气来。通过长年的陈式太极拳锻炼，这些疾病都陆续消退，现在觉得浑身有使不完的劲。

疾病缠身　让我和陈式太极拳结缘

我今年已59岁，是一名军队退休干部。在从军的40多年里，长期的劳累使我患上肩周炎、高血压、高血脂、肾结石、便秘等疾病，真是苦不堪言。治病在相当长的时间里成了我生活的主旋律，各大医院没少跑，吃点药就好点，停了药就反复。医生说我的病只靠药物很难根治，建议我不妨练太极拳调理调理。也是机缘巧合，2000年我调到郑州工作，结识了陈式太极拳名家陈正雷大师和张东武教练，从此和陈式太极拳结缘。几年的练习让我对陈式太极拳感触很深，它不仅强身健体、驱除病魔、增强毅力，还改变了我的暴躁脾气。

练陈式太极拳　我的体重减了近50斤

练陈式太极拳对我这个初学者刚开始确实很难。初学时很苦，能坚持下来是因为我尝到了陈式太极拳的甜头，刚练时我一个月体重减了10斤，血压也有明显的改善，头晕也没有以前严重了，原来体重240多斤，肚子也很大。练陈式太极拳一年后体重减了30斤，三年后体重减了近50斤，现在体重保持在190斤左右。老战友见到我都吃惊我越来越结实的体魄。我还准备继续努力，争取减到180斤。同样改善的还有血压，练拳前血压160~180/110毫米汞柱，一年后血压降到140/90毫米汞柱，现在为130/80毫米汞柱，原来一周至少晕倒两次，现在翻跟头旋转360°都不会晕倒。再说说肾结石，练太极拳以前我做做家务也会出现腰疼，通过针灸治疗效果也不理想，可在练陈式太极拳第四年时，腰不疼了，到医院检查结石也没有了。

陈式太极拳练的是毅力和精气神

正是这么多变化，让我与陈式太极拳结下十年情缘。练陈式太极拳要有毅力，练的是意念和精气神，没有吃苦和持之以恒的毅力是很难坚持的。

刚开始学习时，因为胖，腿抬起来时，体力、气力都承受不了，再加上血压高、头晕，起初一天只能练3个小时。现在身体好了，一天练5个小时，早上3个小时（早5点到8点），下午两个小时（下午3点到5点），现在练得好像浑身有使不完的劲。

练太极拳还使我的暴躁脾气变了很多，原来性格急，脾气大，说话嗓门也大，看不惯的事情喜欢去管管。自打练太极拳后，明显感觉自己脾气好多了，因为练太极拳必须要身体放松，就是这样柔中带刚、刚中带柔的境界，让人不得不改变暴躁的性格和脾气。

有一分耕耘就有一分收获

陈式太极拳不只是给我的身心带来了巨大变化，而且还给我带来了荣誉。2011年9月，年近60岁的我有幸参加了在桂林举办的全国“市长杯”武术太极拳比赛。赛前，我认真编排参赛套路，刻苦练习。功夫不负有心人，在陈正雷大师的辅导和师兄弟们的关心鼓励下，我拿到了太极刀第一名（金奖）、太极拳第三名（铜奖）

和最佳人气奖三个奖项。

让太极拳惠泽更多的人

2008年，太极拳的身影出现在北京奥运会开幕式上，太极拳既是竞技项目又是祛病养生的法宝，是中国对世界的一个大贡献，如今世界各地到处都有练陈式太极拳的拳友。作为一个太极拳武术爱好者，我盼望着中华武术早日成为奥运会比赛项目。受我的影响，我的亲朋好友都在跟我学太极拳，就连8岁的小外孙女、7岁的小孙子也练起陈式太极拳来。现在我每天都在郑东新区义务带学生100多人。太极拳使我受益终身，我渴望陈式太极拳能惠泽更多人，使人们都有一个健康的身体，为社会、为家庭更好地服务。

作者：空军某师大校 陈彪　男　59岁

中国武术协会会员（武术六段）

河南省陈氏太极拳协会副秘书长

陈式太极拳第十二代传人陈正雷大师亲传弟子

联系电话：13103859105

太极拳助我三次与死神擦肩而过

张黎明

我叫张黎明，金华浦江人，自幼习武，跟太极拳结缘20多年。

22岁时，我身患肺结核、胸膜炎、胃溃疡、肾炎等6种重病，被医生告知最多只能再活半个月。35岁时，我又罹患多发性膀胱癌，再次被医生告知，康复只能等待奇迹。今年，我46岁，奇迹真的发生了。我不但恢复了健康，今年8月18日，我还由恩师陈正雷大师的入门弟子晋级为入室弟子。

我在生死关头走了好几遭，多亏有太极拳的支撑。失之东隅，收之桑榆。这特殊的经历让我领悟到了太极拳丰富的内涵和能量。我现在的生命几乎是太极拳给的，我要将这个中国人的传统宝贝好好发扬。

“生命不息，练拳不止，宁愿打拳打死。不愿生病病死。张黎明对太极的执著和悟性很难得。”恩师对我的评价，我一直铭记在心。

我与太极拳结缘，始于20多年前的一场大病。也许是家族遗传的关系， 22岁时身患肺结核、胸膜炎等6种重病，体重降至46公斤。除了肝是好的，其他五脏六腑几乎都闹毛病。进了医院又被劝回来，医生连连摇头。在朋友的介绍下，我练起了简化太极拳与气功, 身体慢慢开始恢复。

此后便一发不可收拾，只要有机会，就去书店寻找太极拳书籍、录像，终于在上海新华书店买到了陈正雷大师编著的图书。也许是上天对我的照顾吧，从此对照图书开始学练,谁知身体竟然完全恢复过来了，体重也恢复到60公斤。1998年在朋友的推荐下,我赶到河南陈家沟拜在陈正雷大师门下，潜心学习恩师亲传的陈式太极拳。

天意弄人。2000年，我又被诊断为膀胱癌，再次被医生告知“时日无多”。此时我想“生命越是有限，就越要坚持做自己喜欢的事”。看着身体虚弱的我对太极拳仍孜孜不倦，恩师手把手将陈式太极拳内功心法和秘传功架精心教授。这套内功可以站着练，也可以坐着练，动作强度不大，但功力却不小，正适合病重的我。就这样，太极拳陪伴着我又捱过了一次死神的考验。

此后的9年里，我每年都要到陈家沟向恩师学拳,其间恩师精心地将陈式太极拳的要领、心法认真传授,使我对太极拳的领悟不断提升，已有膀胱发热、 丹田沉重之感……

直到2009年，膀胱癌再次复发，我才知道自己得的是多发性膀胱癌。手术中，医生在我的膀胱里切除了18个肿瘤。令人惊讶的是，这些肿瘤并没有扩散。主治医生表示，这可能与我长期打太极拳有关，抑制了癌细胞的扩散。庆幸之余，恩师对我的关心特别令我感动。2010年8月，我参加恩师主持的第12届高级培训班。虽然恩师工作繁忙，但他仍然在7天的培训课之后，利用仅有的一天休整时间，针对我的身体状况，对我的内功心法和拳架要领进行悉心的传授。 此后，在练拳时有了意、气、形合为一体, 两肾有发烫之感。

2011年6月我到医院复查，结果显示，已无癌症,癌细胞全无，已是一个完全恢复健康之人。 我为之感到幸福，家人为我高兴流泪，学生为我重获新生祝贺。

现在，太极拳对我不仅有调理、养生的功效，也是我的一大精神支柱。我立志以毕生精力，全身心地将陈正雷大师的拳法和太极拳文化发扬光大，以此来回报太极拳和恩师给予我的第二次生命。

现在我在浙江金华市、浦江均成立了陈家沟陈正雷太极拳馆分馆和陈正雷太极拳文化研究会。二十年来我一边练拳健身，抗除病魔，一边传播大众，以我个人的抗病经历让更多的人受益。直接跟我练习的就有数千之众，有干部、学生、工人、农民、商人、白领阶层等，经恩师同意我也收了几十个弟子。我的事迹新闻媒体做了专题报道，大事宣传，来学习的人越来越多。我有信心、有决心带领众弟子将陈式太极拳发扬光大，为当地的全民健身、和谐社会服务，让更多的人受益！

图书在版编目（CIP）数据

陈式太极拳养生功 / 陈正雷著. -- 北京 : 人民体育出版社, 2012 (2023.5重印)
ISBN 978-7-5009-4184-2

Ⅰ. ①陈… Ⅱ. ①陈… Ⅲ. ①太极拳—养生（中医）Ⅳ. ①G852.11②R212

中国版本图书馆CIP数据核字(2011)第227661号

*

人民体育出版社出版发行
北京中科印刷有限公司印刷
新　华　书　店　经　销

*

850×1168　32开本　6.25印张　140千字
2012年2月第1版　　2023年5月第7次印刷
印数：23,001—25,000册

*

ISBN 978-7-5009-4184-2
定价：31.00元

社址：北京市东城区体育馆路8号（天坛公园东门）
电话：67151482（发行部）　　　邮编：100061
传真：67151483　　　　　　　　邮购：67118491
网址：www.psphpress.com
（购买本社图书，如遇有缺损页可与邮购部联系）